苦悩と不安の手放し方

百萬枚護摩行者
高野山真言宗伝燈大阿闍梨
池口恵観

ロング新書

もくじ

第1章 あなたの命は、もともと光り輝いている

第2章 悩み、迷いは自分が作っている

第3章 自分の心を変えてみよう

第4章 言葉を変えてみよう

第5章 行動を変えてみよう

第7章　一所懸命の気持ちが必ず救う

第10章 いま、あなたはこんなに輝いている

本文カット／瀬川尚志

第1章

あなたの命は、もともと光り輝いている

人も、星も、草や木も、大宇宙から生まれた親戚同士 根っこのところでつながっている。

太陽が西に沈むと、だんだん暗くなって、東の方にキラキラと輝く星が見えてきます。一番星、二番星、三番星と出てきて、そのうちにホコリのように散らばっているたくさんの星も見えてきます。

空に光り輝く星たちは、大宇宙から生まれ出たものです。

草や木もまた、大宇宙から生まれ出たものです。

春の庭には、ウメの花が咲いています。垣根のツバキやサザンカの木に、白や赤の花が残っているかもしれません。

夏の風景でも、秋、冬の風景でもすべて、季節ごとの草や木々は、風が吹けば葉を揺らし、自然とともに生きています。

動物たちも、同じように宇宙から生まれて生きています。

人間である私たちもまた、宇宙から生まれて生きています。

宇宙に存在するすべての生命はみな、同じところから生まれたものです。

つまり、根っこのところでつながっているのです。

この宇宙に存在する生きとし生けるものすべてが、根っこのところでつながっているから、私たちと同じ体だと言えます。みんな親戚同士なのです。

姿、形は違っても、生命あるものすべてが同じ感覚。動物も植物も叩かれると痛い！

生きているものすべては、根っこのところでつながっていますから、たとえ姿や形が違っていても同じような感覚を持っています。

たとえば、あなたが飼っている犬を叩いたとします。

犬は「痛い！」とは言いませんが、次にあなたが手を上げると、きっと逃げてしまうでしょう。叩かれるのが嫌だからです。

自分の体を叩いてみるとわかりますが、自分で叩いても痛いものです。

同じように、犬を叩けば、犬も痛いのです。

木や草も同じです。本当は、折ったり、踏んづけたりすると、きっと痛いに違いありません。人間のように言葉をしゃべれませんから、「痛い」とは言いませんが、痛いに違いないのです。

叩かれると痛いのは、人間だけではなくて、動物も植物も同じです。

それは、みんな仏さまの心をいただいているからです。

仏さまは、大宇宙のすべてに平等に心を分けてくださっています。

だから、仏さまは、何も仏像の中にだけおられるものではないのです。

私たちがお寺で見る仏像は、仏さまの姿を想像して造られたもので、本当の仏さまは仏像になったり、絵に描かれたりしたものではありません。
本当は、目で見ることができないものです。
もちろん、仏像の中におられますが、私たちみんなの心の中にあるのです。

宇宙に存在する生きとし生けるもの、そのすべてが仏さま。

私たちの体や心は全部、仏さまからいただいたものです。
手も足も全部、仏さまです。
喜んだり、悲しんだりする心もまた、仏さまです。
この仏さまを、大日如来と言います。
大日如来とは、大きな太陽の仏さまということで、これは光り輝く存在です。その仏さまの力は、慈悲と智慧を秘めています。

私たち人間は、大きな太陽から生まれてきたものですから、本来は光り輝いていなければならないのです。

ところがその光り輝いている力に気づいていない人が多く、これでは宝の持ちぐされになってしまいます。

人間であれば、だれでも命の根っこである仏性というすばらしい生命パワーを持っています。全部、仏さまの世界からやってきたのですから。

自分もまた、星たちと同じ仲間。だから、もともと光り輝いている。

あなたもまた、太陽と同じくもともと光り輝いているのです。

では、ここで「自分もまた、光り輝くお星さまと同じ宇宙の仲間だ」というイメージを、実際に体験してみましょう。

晴れた日の夜に、空の星たちを眺めてみてください。

その星たちを、テレビの画面のように脳に映し出し、脳に刻みます。

次に、脳に刻まれたその星たちを、いったん空に戻してみます。

星たちはまた、空で輝き出すでしょう。

今度は、口を小さく開けて、息を吸いながら星たちを口のなかに入れてみます。星たちは、口からノドを通って胸に入ってきます。

胸にたまったたくさんの星たちは、胸のなかでだんだん大きくなってきます。

力いっぱい深呼吸をすると、胸のなかに星たちが、もっともっと広がります。

キラキラ輝いている星たちが、あなたの中に入ってくると、あなたもまた、生き生きと光り輝き出してくるでしょう。そのイメージを体で感じてみてください。

この生き生きした光が、輝きが、私たち人間のもともとの姿なのです。

そして、今度は「フーッ」と息を吐きます。

星たちは胸から出て、ノド、口を通って空に戻っていきます。

この動作を繰り返すことによって、あなたは大宇宙の星たちと仲間なのだという一体感を味わうことができるでしょう。

花はひたむきに花の勤めをしている、仏さまの意のままに生きている。

ここに一輪の花があります。花はひたむきに花の勤めをしています。

芽を出して双葉を伸ばし、枝葉を張って花を咲かせます。そして種を残して一生を終えます。そこには邪念がありません。

人間のためによい香りを発して、好かれようとは思いません。他の花よりきれいに咲いてやろうとか、嫌いな人が見にきたら花を閉じてやろうとか、自分の意志で何かをたくらむということがない。

また、十分な栄養がないから、今年は咲いてやらないなど、理由をもうけて怠ることもありません。日陰ならば日陰なりに、太陽に向かって枝葉を伸ばして花を咲かせているのです。自分の子孫を残すために、精一杯の努力をしています。

結果として、きれいに咲いたり、よい香りを発して人々を喜ばせてくれるのです。喜ばせようとして咲いているのではなく、仏さまの意のままに咲いているにすぎないのです。これが仏さまの心そのものです。

動物も同じです。肉食動物は、ほかの動物を襲って食べます。しかし、お腹がいっぱいになれば、決して襲おうとはしません。

肉を保存したり、よけいに取って財産を蓄えようとはしません。

自分が生きるためにのみ、他の動物を襲うわけです。食料となる動物の数が減ると、自分たちの数をも減らしながら、適正な生態系を守っているのです。

人間だけだ、欲望にとらわれて苦しんだり、悩んだりしているのは。

植物や動物は、仏さまから教えられた通りに生きています。だから、いつも輝いているのです。その輝きをいただいて、私たちは楽しく暮すことができます。

ところが、人間はそうではありません。他人より少しでも多く取りたい。そのために他人を押しのけてでも、独占するわけです。

一人がよけいに奪うと、他人に迷惑をかけることになりますが、それでも自分のために独占しようとします。

人間だけが富を蓄えようとし、なかなか他人をかえりみようとしないのです。人間はまた、生存の欲望の他に、財産、地位、名誉、征服欲、独占欲を持ちます。

これでは、人間社会は崩壊してしまいます。

人それぞれ仏さまであることに目覚めて、他を救うのが本来のあるべき姿であるのに、それに気づかずに、自分が持っている大切な光を秘密にして隠し、曇らせてしまっているのです。

弘法大師空海は、次のように説いておられます。

「生はこの世限りのものではなく、
過去から未来にわたる永劫の彼方まで継続するもの。
いくら生死を繰り返しても、
人はその生命とは何かを突き止めようとしない。
それは自分の実体を知らないからだ」（『秘蔵宝鑰《ひぞうほうやく》』）

あなたも仏さま、私も仏さま。だから命を自分勝手に扱ってはいけない。

この生命は、仏さまから分けていただいたものです。だから私たちの存在そのものが仏なのです。自分が仏であるということは、他人も仏であるということです。

生命は決して自分勝手に扱うことのできないものです。宇宙のありとあらゆる存在の中でも、もっとも重要なものなのです。

なぜ、人は人を殺してはいけないのか。

それは人の中に存在している仏さまを、殺すことになるからです。他人の生命は、自分以上に大事にしなければならないものなのです。

もちろん、どんな逆境にあっても、自分の生命を大事にするのは言うまでもありません。人が人を殺してはなりません。人を殺せばその何倍も自らが苦しみます。

人を殺すことは、自分をも殺すことになるからです。生きている間中、そのことで心を悩ますことになります。

本当に、あらゆる生命は大事に、大事にしなければならないものです。

人を殺すことを体験してみたかったという少年がいましたが、殺したらどんな結果になるのか、殺された人がどんな思いをするのか、残された人がどんな思いをするのか、そうしたところまで想像し、考えることができなかったからです。

人が人を殺すことが罪悪であることを、精神にしっかり刻み込む。それを怠れば、取り返しのつかないことになってしまいます。

この世はすみずみまで、仏さまの慈愛で満ちている。なぜそれを受け取れないのだろう。

弘法大師空海は、次のように言われておられます。

「この宇宙は、すみずみまで仏さまの慈愛で満ちあふれており、生きとし生けるものの頭上をあまねく照らしています。

しかし、その慈愛を受け取れる人もいれば、そうでない人もいます。

仏さまの慈愛を受け取る人が、澄みきった心の持ち主であれば、仏さまの慈愛は、その人を美しく照らしてくれるでしょう。

反対に、その人の心が汚れていれば、仏さまの慈愛はその心に映ることができず、むなしく通りすぎてしまうでしょう」

このことは、池の水面に月が映るようなものです。

池の水が鏡のように澄みきって動かなければ、月はその美しい姿を水面に映すことができます。しかし、池の水が濁っており、しかも水面が揺れていれば、月はその姿を映すことができません。

仏さまの慈悲もこれと同じで、その光を感じるためには、心を曇りのない鏡のような状態にしておかなければなりません。

第2章

悩み、迷いは自分が作っている

迷うも悟るも自分の心のなせること。気づけば闇から抜け出せる。

人はだれしも迷います。迷って闇の中をさまよい、ころび、怪我をし、傷つきます。闇があまりにも深いと、自分が迷っていることにも気づきません。何をやってもうまくいかず、どうして自分ばかりこんなに不運がつづくかと落ち込みます。

このようなときは、真っ暗な闇の中で、ただ苦しみあえいでいるだけです。

しかし、目的に向かう心さえしっかり持てば、迷っていても、いずれ道は開けます。

自分が今、闇の中にいるのだと気づき、何とかして脱出しようとするときに初めて、光を求める心が起きて闇から抜け出せるようになります。

「迷うも悟るもすべて、わが心のなせること。

光を求める心が起きれば、闇を抜け出すことができる」（『般若心経《はんにゃしんぎょう》秘鍵《ひけん》』）

と仏教では教えています。

私たちが何かに失敗したとき、その失敗を取り繕おうとすれば、ますます深い闇に迷います。

失敗を受け入れて、再びチャレンジする気概を持つのです。

成功の種を見つけようと実際に行動することから、すべては始まります。

実践があってこそ、心は形につながります。

思うだけでは成功しません。闇の中で生きるのはイヤだと心から実感して、光を求めようと努力をするのです。

前向きの発想、プラス思考を繰り返し実行することを心がけ、プレッシャーをはねのけ、実力を思う存分に発揮するための一歩を踏み出すのです。

思うに任せない自分の心。どうすればコントロールできるのだろう。

とは言っても、なかなか思う通りにならないのが人間の心です。

自分の心でありながら、自由にコントロールすることができません。そのために人生をあやまってしまった人は、数えきれないほどいるのではないでしょうか。

ふだんの生活を振り返ってみれば、だれでも思い当たるふしはあるはずです。

頭では言ってはいけないとわかっていても、つい感情的になってあらぬ言葉を口走ってしまい、会社なら左遷されたり、夫婦なら離婚まで発展してしまうこともあります。

新聞には「公金横領」といった記事がときどき出ています。

使い込みする人の多くは、最初、そんなことをしてはいけないと思っていたはずです。

ところが、「知られないように返しておけばいい」という心に負けて、つい手を出してしまうのです。

一度うまくいくと、あとはどんどん大胆になっていきます。

そして、気づいたときには、どうしようもなくなっています。

昔から、聖人や賢人と言われてきた人たちはみな、その思うに任せない自分の心を、どうすればコントロールできるかを追究してきました。

聖人や賢人でさえも、自分をコントロールすることに悩んできたのです。

人間の心とは、それほど自由にならないものなのです。

人はみな煩悩《ぼんのう》の垢《あか》にまみれて、この世を旅している。

もともと心の中に、すばらしい仏さまを持っているのに、いつの間にか汚れた垢にまみれてしまうから、本来の輝きを発揮することができなくなるのです。

それは、人間は心や体を悩ますさまざまな煩悩を持って生きているからです。

煩悩とは、心身にまといつき、悩ませ乱す妄想・欲望ということになります。

人間にはその煩悩が、百八つもあるとされています。たとえば、貪《むさぼ》ったり、怒ったり、恨《うら》んだりなど、これらはすべて、人間に煩悩があるために起こります。

だからこそ、まるで暗闇の中を進んでいるような状態でこの世を旅しているのです。

お釈迦さまは、人間の苦しみの原因は、すべて煩悩にあると説いています。

しかし、人間は生身の存在ですから、欲望なしには生きていけません。

たとえば、食欲、性欲、睡眠欲などの本能的な欲求や欲望はだれにでもあります。それすらも煩悩ですから、これらをすべて否定してしまったら、生きていかれなくなります。

もちろん、他人や社会のためになる欲望であれば、大いに伸ばしてよいのです。

自分だけのための欲望は抑えなさいと、教えておられるのです。

むさぼるから、怒るから、愚かだから心を曇らせ光を見失う。

生命が持っている根源的な無知は、「貪瞋痴《とんじんち》」といわれる「貪《むさぼ》ること、瞋《いか》ること、痴《おろ》かなこと」です。

これらが心を曇らせている大きな原因であり、この三毒を克服することによって、慈愛と誇りと自信を取り戻すことができます。

①貪（とん）＝他人のことなどかまわず、必要以上のものを望み、むさぼる心です。自分の欲求のみを追求して、それに執着する心です。

目に見えているところだけに執着すれば、むさぼる心が生まれ、我欲にとらわれてしまいます。そのために心の曇りを生じます。

結果として、自ら持っている光を失い、不幸の道を歩くことになります。

②瞋（じん）＝ささいなことで怒りを爆発させることです。自分の気に入らないことに対して、怒る心です。生きていれば、間違いや失敗をしでかします。

また、いじわるもすれば、人を傷つけたりもします。

この社会はすべて自分の思い通りにはならず、どこかに不条理が生じます。

この不条理に対して、怒りの心を抑え、克服する心を養うのです。

それによって、生命の力が湧き出て、世の中の真の変革がもたらされます。

③痴（ち）＝愚かな心です。現実をあるがままに理解し受け入れる、しなやかな寛さを持つことが愚かな心を払拭します。

知識を学ぶことはまた、受け入れる心を広げるためでもあるのです。

どれほど貪っているか、どれほど怒りに身をまかせているか、どれほど愚かであるかということに、まずは気づくことです。

これら三つの毒をただひたすら削ぎ落とす。見つめて学び取るのです。

苦しみは天が与えてくれた試練。困難を乗り越えることで成長できる。

この世界には「四苦八苦」という、さまざまな苦が存在しています。

人間が持っている四苦は、「生、老、病、死」です。

ここで、生もまた苦の一つに入るのは、苦しみに満ちたこの世に生まれてくること自体を苦と考えるからです。

人生の苦しみは、「生、老、病、死」の四苦だけではありません。

さらに、弘法大師空海は、次の四苦も加えておられます。

①愛する人と別れなければならない苦しみです。肉親の死、親しい友人との別れ、そのたびに苦を味わうのです。

②人を恨み、憎む場面に遭遇することです。羨望、嫉妬の本能などです。

③求めているものが得られないときの苦しみです。

④物質や肉体、感覚や知覚、概念や想念、意思や記憶、純粋な意識などが影響しあって、苦が生じるのです。

それは目に見える物体、好き嫌いの感情、イメージ、意思決定、意思・認識作用という五つの要素で構成されています。

これらの苦を克服できるかどうかは、心の強さで決まります。

心を強く、たくましくするには、まず、苦しみを試練と受け止めなければなりません。「艱難汝《かんなんなんじ》を玉にす」という諺のように、困難を乗り越えることで人は成長するからです。

現実に苦しみに遭ったら「これは天が自分に与えてくれた試練だ」と考えて、その試練に立ち向かうのです。

生も死も、宇宙を旅して帰ってくるだけのこと。

死と生はまったく別個のものではなく、これは連続していく状態です。生命とは生と死を繰り返していくものです。

生も死も、ほんとうは生命の形が変わっただけで、コインの表裏とまったく同じです。

密教では、生命がこの世で生を閉じれば、みな宇宙へと帰ると教えます。

生きているうちに自分自身を磨いておくことによって、暗い闇の宇宙への道のりにも一条の光が射されます。その光に導かれることによって、無事に、安らかに私たちが生まれた故郷へと帰り着くことができるのです。

生命の根源である宇宙からこの地球に生まれた肉体は、成長し、老い、そして肉体は滅びます。しかし、生命はこの地球を離れて、大宇宙の根源である大日如来のもとへと帰っていくのです。

生も死も、大宇宙をちょっと旅して帰ってくるだけと考えると、悩みも迷いも軽減されるでしょう。

生まれたままの素直な気持ちになればスジ、メンツ、プライドは不要なゴミ。

プライドや誇りという言葉は、よい意味で使われることが多いのですが、実は私たちの素直な気持ちを曇らせ、ありのままの優しさを邪魔するものにもなります。

それはまた、叩けば出るほこりのようなものです。

「スジが通らない」「メンツが立たない」などと言って、喧嘩になることがよくあります。生まれたままの素直な気持ちになってみれば、スジやメンツ、プライドなど、まったく不要なものだということが実感されます。

自分を格好よく見せようとするのは、ただの見せかけにすぎません。

そのようなこだわりも一つずつ洗っていけば、不要なゴミのような思い込みがたくさんあって、それが生命の燃焼を妨げているのだと理解できるようになります。

そうして見えてきた自分が本当の自分なのです。

私たちの心の蔵には、そのエネルギーを得る鍵がだれにでも備わっているのです。

だれにでも、思いがけない強いパワーがあるのです。

「マイナス感情は十秒まで」を実行しよう。考え方一つで、生きる姿勢が百八十度変わる。

仏教は「人生＝苦」「この世＝苦」と考えるから、苦からの脱却を人々に教えます。

その教えはまた、もともと苦しいはずの人生を、できるだけ苦しくないようにするため、さまざまな考え方を呈示します。

苦は、マイナスの感情です。元気な時、人はマイナスを跳ね返す力があるかもしれません。しかし、地獄から呼ばれているように、怯《おび》えが貼りついてしまい暗く沈んでいる人は、苦しみの堂々めぐりを繰り返します。

そのような人に、私は助言しています。

「マイナス感情は十秒まで」を実行するようにと。

心がマイナス方向に動いたら、反射的に時計を見るようにしましょう。秒針が十秒動いたら、強引に別の楽しいことに心を切り替えるのです。

何度かやっているうちに、習慣として身につきます。

考え方一つで、生きる姿勢が百八十度変わってきます。

泣いて生きるか、明るく喜んで生きるかです。

「逃げたらダメ。まず、明るい顔を見せなさい」と。

何もかもうまくいかないとき、決して「もうダメだ」ではなく、「まだ、まだダメだ」と思うのです。

「今がいちばん悪い」と考えるのです。

そして「明日は今日よりよいのだ」と信じて、表情を輝かせることです。

積極的で建設的に生きる人々は、失敗にこだわらず、落ち込まず、明るく笑いとばします。「今日より明日は絶対よいのだ」と心の底から信じています。

何も恐れることがないからです。正しく生活していれば、この世に恐れるものなどないのだということを、経験で知っているのです。

そのような人は、いつもニコニコしています。人の目には、まるで悩みから無縁の人のように映るでしょう。

ニコニコ顔をつづけましょう。

あなたの悩みや苦しみは軽くなって、人生が明るい方向へと進んでいくはずです。

閉じこもっていてはいけません。必要なことは、探せば必ず見つけられる。

心を開いたら、だれかに傷つけられはしないか、大切なものを奪われてしまうのではないかなどと思うから、心の戸締まりをしてしまいます。

戸締まりをしたまま、小さな物音にも恐怖に怯えて家の中に閉じこもってしまいます。それではせっかくこのすばらしい世界に生まれ出た生命を生かすことができません。

私たちは苦しい世界に生まれたのではなく、本当は人の心の温かさに触れることができる美しい世界に生まれてきたのです。

さまざまな希望を抱きながら、それを実現させることができる、大きな可能性を秘めた世界に生きているのです。

小さく閉じこもっていてはいけません。外は雨かもしれません。大風が吹いているかもしれません。

でも外出するのです。出かけるほうがよいのです。

悩みや迷いは、一つの現象にしかすぎないのです。

安心できる状態だけにとどまっていれば、進歩も発展も生まれません。

この世のものはすべて動いているのですから、留まっていることのほうがもともと無理なのです。

心を開いて、あるがままに生きることは、変化しているこの世を受け入れることです。

そして本当に自分が欲しいと思っているのは何かを知るのです。

必要なことは、探せば必ず見つけることができます。

動くときは動くように、止まるときは止まるように。

これは仏さまが教えてくださった、生命のあるがままの姿なのです。

仏さまは、まず、心を変えなさいと教えます。
次に、言葉も変えなさいと教えます。
そして、行動を変えなさいと教えます。

恵観の心の旅①

修験者《しゅげんしゃ》の家に生まれた私は両親から行者《ぎょうじゃ》としての心得、修法、精神を叩き込まれました。

私は鹿児島県の西大寺で生まれました。父も修験者でした。
私が生まれたころは、父の行《ぎょう》がもっとも激しかったときでした。
父は死にものぐるいで行をつづけていました。

父や兄たちが真言《しんごん》を繰りながら、汗みどろになって全身で打ち出す太鼓の音が、寺の境内に絶えず鳴り響いており、それが幼いころの私の子守唄でした。

父が行を始めると同時に母も行を始めました。父が護摩壇《ごまだん》で護摩木《ごまぎ》を焚くときは、母もいっしょに坐って、読経し、真言を唱えていました。

父が滝行に行くときは、母もいっしょに行って滝に打たれました。

行は朝、晩、深夜と延々とつづきます。私は六人兄弟の末っ子でしたが、母には行だけでなく、子どもたちの世話もあったのです。

母の寝る時間は、昼間、二、三時間しかなかったと、あとで聞かされました。

熱烈な信仰心と強靭な意思力が母を支えたのだと思います。

父母が行に打ち込む姿を目のあたりにしていたこと、また曾祖父が日本一の行者であったことを絶えず聞かされていたことから、それという意識もないうちに、修験の精神が私の身体と心にしみ込んでいったのでしょう。

あの母がいたから現在の私があります。

私は、父からと同時に、母からも行者としての心得、修法、精神を叩き込まれました。

私がどのようにして、現在の力を持てるようになったか。

それは母の力があったからこそです。

あの母がいたから、現在の私があると思います。

とくに、心身共に一人前の行者に育ててくれたのは、母でした。

母は指宿《いぶすき》の出身で、鹿児島の第一高女を出ました。

兄弟に比べて成績が悪かった私に、常々、

「勉強なんて学校で聞いてりゃわかる。百点取れないのは馬鹿だ」

と言っていたところをみると、よくできたほうだったのでしょう。

父が鹿児島で得度《とくど》を受け、高野山に修行に出かけたとき、母もいっしょに得度、僧名・智観と言います。

のちに母は、父を上回る熱心さで行に打ち込みました。深夜十二時に起き出すと、本尊の不動明王の前に坐り、朝六時まで経を唱えつづけていました。

こうした家で育った私は、二、三歳の頃から、毎朝、境内にある観音さまや弁天さまに、お茶とお水をあげ、線香を焚くのを日課とするようになりました。子どもながら、行を中心とした生活でした。

父からは苦しんでいる人を救うために、まっさきに呪法《じゅほう》を教えられました。

父は、私に行を教えるに当たり、まっ先に呪《のろ》いを教えました。

これは呪いにかけられた先祖の因縁に苦しむ人を救うためです。

「毒をもって毒を制す」ではありませんが、苦しむ人を救うには呪詛《じゅそ》を知り、呪法を身につけていなければ駄目なのです。

もちろん、呪法は数多くあります。幼い私がいっぺんには吸収できません。

しかし、父の教えは、幼いながらも深く私の心に刻まれていました。

小学校低学年のころになると、母は毎日のように私に言っていました。

「人は棒ほど願って針ほど叶うというが、お前には針ほど願って棒ほど叶えるだけの霊力がある。だから、決して邪なことを願ってはならない。

みんなの役に立ち、みんなが喜ぶことだけを考えるようにしなくてはいけない」

ある日のこと、私は天空いっぱいに巨大な仏さまの姿が広がっているのを見ました。

この大事件を母に告げようと、家に駆け戻りました。

「お母さん、空にすごい仏さまがおった！」

母は、にっこりと笑って静かに言っただけでした。

「そう、よかったね」と。

一心不乱に行をしていれば、仏さまに出会えるのは当然のことだと、母は私に告げたかったのでしょう。


「みんなが幸せになるためにだけ祈る」

と、仏さまと母に誓った日。


成長期のターニングポイントの折々に、母が私にたいして重要なアドバイスをそれとなく与えてくれたことを、今、感謝の気持ちで思い起こします。

あれは高校生も終わりのころのことでした。

当時、私には不思議な現象がさまざま起きていました。

たとえば、飛んでいるスズメを落とそうとすると頭が割れるように痛くなるのです。

それを知った母は、いつになく怖い表情で私をたしなめました。

「お前は奇術みたいなことをするのと、人々を救う坊さんになるのと、どっちが大事だと思っているのかね。頭が痛くなるのは、仏さまに怒られているからだよ。

もうこれで一生しないと誓わないかぎり、その痛みは永遠につづく。

どうだ、みんなが幸せになるためにだけ祈ると、仏さまと母さんに誓うか」

私は、「仏さまと母さんとの誓いを守る」と答えました。

第3章
自分の心を変えてみよう

身を洗い、口を磨き、意を高めることから始めよう。

どんなに教えを学んでも、学ぶだけでは解決はできません。

実際に行動に移すことによってのみ、人は見違えるほど変わります。

そのためには、教えの本質を自分のものとしてしっかりとつかんで、それを実践しながら自分を変えていかなければなりません。

何よりもまず、「身を洗い、口を磨き、意を高める」ことから始めましょう。

身とは行動を表わします。口は表現であり、言葉です。意とは心です。

仏教では、これを「身《しん》・口《く》・意《い》」と言い、大宇宙と一体化する作法となっています。これらを変えることによって、新たな人生がスタートします。

何よりもまず、強く、優しく、たくましい精神が培われます。苦難に出会っても、それを試練と受け止められるようになり、安らかな心を保つことができるようになります。

次に、自分の中にある生命の声に耳を澄ますようになり、発する言葉を大事にします。

さらに、みずからの生命のため、またすべての生命のために、生かされている力の限りを尽くして、積極的に行動できる自分を発見できます。

「身を洗い、口を磨き、意を高める」こと、それを実現するには、どうすればよいのでしょうか。

自分の内にある仏さまの声に耳を澄まそう。その声をリーダーとして歩いていけば、怖いものはない。

人間はだれしも、尽きることのない不思議な能力を内に秘めています。ただ、自分の中に持っている能力に気づいていないだけです。

まともに生きているつもりの私たちの中には、まだまだ未知の自分がたくさんあるのです。自分自身の内にある本当の自分に気づかずにいれば、永遠に光を知ることなく闇の中で生きて、死んでいくことになります。

それに気づくための第一は、自分の心の中心をしっかりと持つことからです。それが救いとなります。

私はいつも弟子たちに「中心をとれ」と言っています。

具体的に自分の中心をとるには、どうすればよいのでしょうか。

中心をとるということは、「我にかえる」ことです。

「我にかえる」ということは、あなたの内にある仏さまにかえることなのです。

私たちにはみな仏さまが宿っているのですから、自分の内にある仏さまの声に耳を澄ますのです。その声を自分のリーダーとして歩いていけば、怖いものがなくなってしまいます。揺れ動く苦悩から抜け出せます。

そのための第一段階として、自分自身を知らなければなりません。

自分はこんな人間だとの思い込みで自画像を描いていては、いつまでたっても真実の自分と出会えないのです。思い込みをすっきりとなくすことからです。

そのために、今、行わなければならないのは、心の大掃除です。

行者はそのために行をします。

行をすれば体の活力を取り戻すことができるし、精神はすがすがしくなり、邪念の入る余地がなくなり、心の掃除ができるからです。

あなたも「自分はこんな人間なのだ」という、これまでの思い込みをキッパリやめて、本当の自分探しにトライしてみてください。

視線を変えてみよう。壁の陰に細い抜け道があるのが見えてくる。

自分の中心をとるには、視線を変えて見ることが必要になります。

行き詰まっていたと思われていた壁の陰に、細い抜け道があることにふっと気づくでしょう。陰となって見えていないところに、意外に大事な宝物が隠されているからです。

私たちは、ともすれば何でも見えていると錯覚していますが、鏡がなければ自分の顔も見えないように、自分がどんな姿なのか本当のところはわからないものです。

目に見えているのはまさに氷山の一角であり、水面から下の、氷の見えていないものこそが、私たちの人生の舵取りをしているのです。

見えることだけで判断しないで、見えないところに目を向けてみるのです。表面には見えない陰のところに目を向けて生きることです。

畏《おそ》れる心を現代人は見失っています。

『性霊集《しょうりょうしゅう》』に私の好きな言葉があります。

「眼がよく見えるとは、陰になっているところまで見える心を持つということ。そうすれば、触れるものはみな宝となるだろう」

宝は、宇宙にいっぱいあるのです。

低い自己評価を下すのはやめなさい。自分の中の長所を生かせば立派にやっていける。

「自分は無能なのだ」と勝手に決めつけてしまって、殻の中に暗く閉じこもってしまい、災禍を避けようとしている人がいます。

私から見れば、人それぞれに持ち味があり、それを生かせば立派にやっていけるのに、必要以上に低い評価を自分に与えてしまっている人が多いのです。

「他人もまた、自分をダメな奴と思っているはず」と思い込んでいます。その結果、人間関係すべてに不安を抱いている人が少なくありません。

この状態が「自己不信の袋小路」です。

一度この小路に迷い込むと、自分で抜け出すのはきわめて困難になります。

袋小路から抜け出すには、まず自分はどういう人間で、何を望み、何をしたいのか、何に価値を見出し、何を信じているかなど、自分自身に問いかけてみることです。

それを整理することを徹底的に行ってください。難しく言えば「自己の確立」です。

自分の中に秘められている宇宙のパワーを信じ、決して低い自己評価を下さないことです。長所・美点を探して書き出してみてください。それを生かせば立派にやっていけます。

自分の中にある他の悪い要素は無視するのです。

心の扉を明るい光に向かって解放するのです。

感動する心を持とう。
新しいことを知る喜びに満ちてくる。

近年とくに、無感動な人が急増しています。

これは自ら感動のアンテナを錆つかせているからです。

感じるとは、心のアンテナを、感動する力で震わすことにほかなりません。

年齢に関係なく、感動する力を持っている人は、すべてに対して好奇心にあふれ、新しいことを知る喜びに満ちています。

そのような人々は目がキラキラ美しく輝いています。澄んだひとみと白い歯は美人の形容によく使われますが、いつも心のアンテナを震わせているから、人は自然にいい顔、美しい表情になるのです。

では、何が感動の対象になるのでしょう。感動するものは無数にあるのです。

春に道を歩けば敷石の間からナズナやタンポポが顔を出して、小さな花を咲かせています。それを心のアンテナに届けるのです。

また、公園の植え込みで六月、ラッパ状の花が咲き、品のよい香りをただよわせています。アベリアです。翌日は散ってしまいますが、十一月まで一生懸命花を咲かせます。これもまた、感動です。

さらに、魚屋の店先に、夏の魚イサキが並ぶと「ああ、もうそんな季節?」と心のアンテナが震えます。感激し、感動する癖をつければ、この世に存在するすべてが感動を与えてくれるものになります。

感じ取る心さえあれば、宇宙の無限のエネルギーを手にすることができるのです。

感動して生きる心を養うことです。

相手に心を開く努力をすれば相手もまた周波数を合わせてくる。

私たちは、目で見える肉体と目に見えない精神から成り立っています。それらは別々のものではありません。魂は、目で見ることができません。多くの悩み、迷いは、人間関係の心と心のぶつかり合いから始まります。心と心が通じ合うのもまた、たがいが仏だからです。

相手が好意を持っていれば周波数が合い、それが好意であると受信できます。逆に敵意を持っていれば、相手を受けつけません。生まれも、環境も育ちもそれぞれ違えば、同じものを見ても同じようには受け止められない。

人は画一的でないために、考え方の違い、心の行き違いが生じてくるのです。それでもみな、共存して仲良く生きていかなければならないのです。

周波数が違い、考え方が違う人たちともうまく生きていくためには、胸襟を開いて相手の話をよく聞き、相手に周波数を合わせなければなりません。

そうすれば、相手もまた周波数を合わせてくるようになります。

両者が心の歩みよりをするわけです。

相手に心を開く努力から、すべてはスタートします。

にっこり笑うことで相手に気持ちは届く。ひとこと添えればもっといい。

人間と人間が理解し合うには「同じ感情を抱く」ことが大前提になります。そのとき、言葉は必要としません。

平成七年三月、私はバチカン市国聖ピエトロ大聖堂で、カトリック信徒十億人の頂点に立つ、当時のローマ法王ヨハネ・パウロ二世猊下との特別謁見をさせていただきました。

「東のはての一仏教僧を、平和の道具にお遣いくださいますように」

という親書をお渡しし、ともに手を握り合いました。

このときも、期せずして双方とも微笑みでいっぱいの顔になりました。

宗教、宗派、民族の違いを越えて、たがいに世界平和を今後とも祈りつづけましょうという思いを込めた微笑です。

微笑みこそ、心をきれいにする一番大切なものです。

相手が喜んでいるなら「よかったね」という意を込めて微笑すればよいのです。にっこり笑うだけで、相手に気持ちは確実に届きます。

温かい微笑を浮かべ、ほんの一言、「よく頑張ったね」「すばらしい出来だね」「いいぞ、今日は」と言うのです。

その祝福の気持ちをより印象深いものにするため、ひとこと添えればもっといい。

最近、家族や友人、知人に対して、ののしったり、怒ったりする人はあっても、面と向かってほめる人が少なくなりました。

それではダメです。いつでも人をほめられるよう、祝福できるよう、心の中に微笑を貯金していなくてはなりません。

一つの感情を共有したとき、人と人は初めて、意味のある関係になれるのです。

恵観の心の旅②

「しっかり拝みなさい。拝むことが、お前の使命なのだから」

私は、幼いころから、両親に言い聞かされて育ちました。

「真言密教には、並外れた気力と体力を得られる二つの大法がある。八千枚護摩法《はっせんまいごまほう》と虚空像菩薩求聞持法《こくうぞうぼさつぐもんじほう》だ。八千枚を修めれば、絶大な法力が得られ、求聞持法によって頭がとてつもなくよくなる。

だから、早く大きくなって、この二つに挑まなければならない」

母は、ことあるごとに私を諭しました。

「お前は行者としては素質がある。

だからそれを磨きなさい。

守り本尊の千手観音の手のように、智慧や財がいっぱい集まってくるから。

しっかり拝みなさい。拝むことが、お前の使命なのだから。

講演や説法は人にまかせなさい」

信者さんたちは、母を「仏さまのように優しいお人だった」と述懐していますが、私にとっての母は、とても恐ろしい存在でした。

なぜなら、とてつもない法力を何回も見ていたからです。


「本物の光を出す人間になれ。

メッキ人間には絶対なってはならない」


中学生のときに初めて、母は私に将来あるべき行場としての具体的なイメージを伝えてくれました。高校生になってからも、同じことを何度も聞かされました。

「お前のために、立派な行場を用意してある。

そこは、こんもりした山の頂きで、こんこんと湧いて尽きない泉が敷地内にある。

前はバーッと、はるか彼方まで開けた場所だよ。

そのために、常に一生懸命はげまなければならない。

三角形の底辺を大事にして、本物の光を出す人間になれ。

メッキ人間には絶対なってはならない」

弁天さまと海水浴で名高い湘南・江の島にある、現在の最福寺別院は、まさに母の言葉通りの行場です。

母の透視はここでも正しく生きていました。

母の強烈な透視力は、私にも受け継がれていたのでしょう。

私にそのような力があることに気づいたのは、小学校低学年のころでした。

父に連れられて信者さんの家を回っていると、門に入る前に、その家の牛がその日に出産することや、その家の人が病気になっていることなどが、手にとるようにわかりました。

母のお腹にいたときから、行三昧《ぎょうざんまい》の雰囲気に包まれ、物心ついたころから行をやっていましたから、いわゆる念力が強かったのだろうと思います。

子供心に私は、誓願していました。

「行を一生懸命にやっていれば、病気の人も助けてあげられるようになる。

絶対、日本一の行者になる。

病気で苦しんでおられる、たくさんの人々を助けてあげる」と。

私の加持祈祷《かじきとう》を、冷徹な眼で観察し、評価してくれていた母。

母はよく、「恵観のお加持は効くから、やってもらいなさい」と、信者さんに言っていました。

日頃は、私の甘さにたいして叱ったり、批判したりする母でしたが、私の加持祈祷については、冷徹な眼で観察し、きちんと評価してくれていたのでしょう。

加持をするとき、私はいつでも本気の本気で行います。

「この人の苦しみがなくなりますように。
この人の体に、光が戻りますように。
この人の心のわだかまりが消えますように。

この人の痛みがなくなりますように」

本気の本気とは、他に比べようもないほど強い信念で祈ることを意味します。

「たとえ、死んでいても息を吹き返しますように」

と、強く念じるのです。

次第に私の加持祈祷の効果が知られるようになりました。

しかし、母は私の慢心を抑えようと、厳しい言葉を掛けつづけました。

ブラジルのリオでの海外伝道により、立派な賞状をいただいたときのことです。

私は自慢気に、その賞状を母に見せました。

「ブラジルから文化勲章をもらったよ」

母は軽く一蹴しました。

「何だい。ただの紙切れじゃないか。仏さまから立派な勲章をもらえるようになれ」

「ラクになりますよ」の一言で、安心感と喜びが、相談者の体全体に走り、治癒を呼び寄せる。

母には、透視力や予知能力がありましたが、私はまだ母には及びません。

だから、予言者めいたことは口にしないようにしています。

まず、悩みや苦しみを持つ人と一対一で向かい合います。

次に、一〇〇%そのことだけを考えて祈ります。

相談に来られる方々のなかで、よくなるかならないかは、一目見た瞬間にわかります。なぜ、わかるのか、私自身にも理解できないのです。

そして、そんな相談者には、「じきにラクになりますよ」と言います。

多分、外に出たくても体の底に閉じ込められて出られなかった光が、私の明るくのんきそうな「ラクになりますよ」の一言で、「ああ、治るんだ！」という安心感と喜びの心と共に、パーッと体全体に走り、治癒を呼び寄せるのでしょう。
私が祈るときは、真剣に祈ります。
その姿を見た人は、
「この行者さんに祈ってもらえば、必ず治る」
と信じることで、自分でも免疫力を高めて治るのだと思います。
そして結果として、問題解決に導かれるのでしょう。

第4章
言葉を変えてみよう

言葉を大切にしなさい。言葉は幸せのご縁を運んでくるものだから。

心と意思を伝えるための大切な手段、それが言葉です。

心が変わったら、次は言葉のチェックです。

人間関係は、コミュニケーションに始まり、コミュニケーションに終わります。コミュニケーションがうまく取れたとき、私たちは幸せを感じます。

だから、意思の疎通がうまく取れたとき、幸運が訪れます。

「運」という字を見てみると、運ぶという文字そのものです。

仏さまのご縁、幸せを運んでくるもの、それが幸運です。

開運とは運ぶ道を開くもの、仏さまのご縁を開く道です。

仏教には「開運のためには、心だけでなく、言葉を大切にしなさい」という、非常に大事な教えがあります。

しかし、ただ、口先だけの言葉をもて遊んでいるだけでは、逆効果です。

弘法大師空海は、「音に響きあり」と言われました。

言葉の響きこそ、私たちに宇宙からのメッセージを伝えてくれるものではないのか。

私はこのことを非常に大切だと思っています。あらゆる宇宙の響き、光の響き、波の響きが宇宙にこだまして、私たちの生命を照らしてくれているからです。

日々のさまざまな現象と出会いながら、私はその響きを全身で感じ取っています。

音が道しるべとして、私たちに響いて、私たちを導いているのです。

その響きこそ、仏さまの説法です。

目に見えるもの、聞こえるもの、嗅ぐことのできるもの、味わえるもの、考えるものなど、それらすべてが、宇宙の真理そのものである言葉を伝えてくれているのです。

グチや不平不満は口にしない。もっと運を悪くするだけ。

言葉には不思議な力があって、その使い方次第では、人を生かすことも、病人をつくることも、運命をよくすることも、悪くすることもあります。

ところが、多くの人は、このような力のある言葉をぞんざいに扱い、知らず知らず、自分の言葉で自分を不幸にしています。

まずは、「悪い言葉を使わない」と、自分でしっかり決めて、それを実行しましょう。

思いがけない効果が生まれてくるはずです。

では、悪い言葉とは、どんなものでしょうか。

まず、不足を言うことです。雨が降れば降ったで不足を言う、日照りがつづけば暑いとこぼし、曇れば曇ったと嘆く。これらが悪い言葉です。

年中、不足不満で暮している人に、一体幸せがやってくるでしょうか。不足ばかり言っている人には、この道理がわかりません。

次に悪い言葉は、グチです。「ああしたらよかった。こうしたらよかった」とグチを言えばきりがないでしょう。グチを聞かされても、相手の気分は幸せになりません。

人間には失敗がつきものですから、それをクヨクヨ嘆いているのは、うっかり傷つけてしまった傷口を、爪先でいじってもっとひどくするようなもの。そのうちに傷口からバイキンが入って化膿するのがオチです。

傷つけてしまったら、すばやく手当てをして、回復を待つのです。

投げやりな言葉は自分に跳ね返ってくる。熱く燃えた友情とは無縁となる。

最近の若い人たちの言葉の乱れがマスコミでも報道されています。

人間関係はもちろん、あらゆることに無関心・無関係であることを、必要以上に強調する言葉が増えています。

また、「やったらぁ〜」「行けばぁ〜」「好きにしたらぁ〜」といった、投げやりな言葉が氾濫し、語尾を上げて強めるのがその特徴です。

声も出さずにキーボードを叩くのが会話となり、人と人が向き合って語るコミュニケーションの基本型が急速に崩壊しつつあります。

なぜ、面と向かって会話ができないのでしょうか。

それは傷つくのが怖いからです。

人と人とが出会い、語り合えば、結果として喜怒哀楽すべての感情が出てきます。喜びもあれば、怒りもある。いたわりもあれば、傷つくこともある。

人は本来、その中から教訓やヒントを得て学んでいくのですが、ネット社会にマヒすると、マイナス方向の感情を本能的に避けるようになるのです。

そこではナマの声がぶつかり合うことはありません。私の意見は引っ込められ、あなたまかせです。正しい意味での会話が成立していないのです。

「私には関係ない」といった、投げやりな言葉は、生きた会話によって発生する、ややこしさから逃れているように思われるでしょうが、それは錯覚にすぎません。

人間とは人と人との間で生きているものなのに、投げやりな言葉は人間関係を不毛にします。ときには、「かまってくれるな」というメッセージの発信にもなります。

「彼女は、どうせ白けているのだから、誘わないでおこう」

「本気で考えてくれないから、相談するのはよそう」

「声をかけるのはやめておこう」

といった反応が跳ね返ってくるのです。

これでは表面的な人間関係しか築けないでしょう。熱く燃えた友情などとは無縁でしょう。そして、いつも孤独で寂しさに震えているだけでしょう。

音の響きを聞き、人の声を聞く。相手の心に響く言葉を発しよう。

音の響きを聞く、人の声を聞く。このことを、今一度考え直すことが必要です。

音を響かせるのは風です。風は生命の姿を私たちに伝えてくれる天空からの使者です。

また、吐いて吸うという息の繰り返しも、生命の働きです。

かすかな息を吐く気配にさえ、風が動いて響きとなり、これを名づけて声となるのだと、弘法大師空海は教えています。

風の音を聞き、地に鳴る音を感じ、水音によって流れの方向を知り、火の音が幸いをもたらすものか、災厄の元なのかがわかります。

古来、人類は音声を聞きわけることによって智慧をさずかり、危険を知って回避し、あるいは人の心を信じることを知ってきました。

行をしながら仏さまの言葉を耳から入れると、体の細胞はすみずみまでよみがえる。

行は、生命の再生なのだと思います。

苦しみの中から、新しい生命を誕生させることです。

護摩行をしていると、絞っても絞っても吹き出る汗が、この世に生きる苦しみや辛さを体から運び出してくれます。

その汗は、お不動さまの灼熱の炎で気化してしまいます。

行をするときは、行者も信者さんも心が燃え立つようなお経を唱えます。

弘法大師空海は、真言を唱えるとき、声、音、響きを大事にするようにと教えています。

だから、これら声、音、響きを練っていかなければなりません。

それによって、癌の人たちもＤＮＡが燃え立ってきて、病気が治ったりするわけです。

それは癌細胞が、経文の声、音、響きという外部からの癒しに呼応していくのだと思います。癌だけでなく、目の見えない人が見えるようになったり、足の立たない人が立って歩けるような現象が、これまでたくさん起きています。

幸せは、仏さまの声に、言葉に耳を澄ますことからやってきます。

行をしながら、仏さまの言葉を耳から入れると、体の細胞はすみずみまでよみがえり、そのよみがえった細胞によって元気な生命力が生まれてきます。

その生命力は、宇宙に満ちているエネルギーによって、人と人、人と動物、人と植物など、あらゆる組み合せのネットワークによって広がっていきます。

「おはよう!」「ありがとう」を自分から声を出して言おう。

孤独や寂しさから解放されるには、まず、何よりも素直な気持ちで「おはよう!」「ありがとう」「ごめんなさい」を、自分の方から声に出して発してみることです。

それは内なる仏性に一歩近づくことであり、仏性の扉を一つ開くことにもなるのです。

一人ひとりの言葉が、輝く光の粒になって宇宙に満ちるとき、私たちは仏さまとともに生きる幸せを感じることができるからです。

「おはよう!」と声に出し、にっこり笑って挨拶ができれば、今日も一日気持ちいい日を送れます。

「ありがとう」「ごめんなさい」も同じで、これらの挨拶をだれとでも気持ちよく笑顔で交換できれば、それだけで心の曇りが取り払われます。

この積み重ねが、非常に大切です。すぐ実行してみましょう。
言葉は小さな思いやりから始まります。

悪い言葉は、自分の心の闇から生じた響きであり、闇に響いて自分に帰ってきます。

なぜなら、言葉とは宇宙にこだまする響きだからです。

相手を思いやるよい言葉は、かならず相手に響いて大きく返ってきます。それはほめ言葉だけでなく、励ます言葉、心ある叱責などさまざまです。

基本的によい言葉は、磨かれた心から発せられます。心あるよい言葉は心を磨き、鍛えることによって自然に出てきます。

言葉は言動の第一歩です。心あるよい言葉が大きく響けば響くほど、願いは大きく叶うのです。

思ったら言葉に出す、言葉に出したら実行することだ。

思ったら言葉に出す、言葉に出したら実行することです。

それは自分に責任を持つことです。自分の責任が果たせたとき、その思いが生命の燃焼につながります。

言葉に出したことを実行できるのは、自分の状態を知っているからです。知ることは、あきらめることではありません。自分のことをよく知った上で、前に足を踏み出すのです。それが非常に大切なことです。

心で動き、心で語り、心で祈るのです。心が動かないと語れません。心に言葉が浮かばないと祈れません。心が願わないと行動できません。

弘法大師空海は実践を大事にされました。

現代に欠けているのは、行の神髄である実践の精神です。

私たちは行動することによって実感できます。実践によって感じ取ることが、心を育てていくのです。心・言葉・行動、これら三つは深い相関関係にあります。

現代のバーチャル・リアリティの時代で生きている子どもたちは、他人を殴れば痛いのだということがわかりません。自分が殴られて初めて痛みがわかるのです。

殴らなくても痛みを知るために、人間は行をします。行とは、まさに行いのこと。それは行動することです。

明るく、明るく行動するのです。そうすれば、自分が楽しくなり、その楽しさが、周囲を照らす明るさになります。体の細胞はすみずみまでよみがえります。

第5章
行動を変えてみよう

口が動けば、言葉になり、心が動けば、感動が生まれる。

動くということは、ただ体が動くのだけではありません。

口が動けば、言葉になります。

心が動けば、感動が生まれます。

感動を言葉と行動で伝えて初めて、人は生きていると言えます。

体を授かって生まれてきた私たちは、行動することによって、この世での生命の表現ができるのです。

心そのものを動かし、考えて言葉を動かし、体を動かして初めて、生命は輝くのです。

永遠に動かないものを、私たち人間は「死」と呼びます。

一瞬たりとも止まっていないのが生命です。

流れる水が粒子の集合体であるように、映画のコマ送りのように、私たちの生命はまばたきを繰り返しながら、一つの人生をまっとうしていくのです。

行動すること、それは現代人にもっとも欠けているところではないでしょうか。

行動するのは、自分の身のためだけではなく、人のためにするのです。

心を持って行動するのです。

生きていく上での使命とは、他の手助けをすることだからです。

行動する能力を、私たちは仏さまから授かっています。たがいに人のために行動して初めて、人と人とが共に生きていける社会が成り立つのです。

迷いという泥の中からでも清らかな蓮の花を咲かせられる。

人はだれしも無知の泥の中に沈み、迷いの世界や汚れた世界を行き来しながら生きています。もともと、生きとし生けるものすべての体と心は清らかなもので、泥まみれの人生など、本当はあってはならないのです。

今はたとえ泥の中にあっても、栄養になるものがあると気づいたとき、泥から生まれて咲く清らかな蓮の花のように、美しい花を咲かせることができるのです。

罪を犯した人やよこしまな心を持った人であっても、勇気を持って次の正しい行動に移ることによって、迷いという泥の中から清らかな蓮の花を咲かせることができます。

観世音菩薩は、一本の蓮華の花を手に取って、そのことを教えておられます。

闇の中で生きるのは嫌だと思い、そこから脱出して光を求めようと決心し、努力するだけです。くじけることなく、絶えることのない努力を積み重ねれば、心を騒がせていた妄想は消えて、すっと心が静まります。

弘法大師空海は、内にある仏さまと向き合えば、妄想は自然に消えて起きることはないと、教えておられます。

行動によって、心眼の曇りを払うのです。それによって、新しいあなたが生まれ、精神統一をはかることができます。身体の働きが活発になります。

理屈などは何もいらない、ただ行動に移すだけ。

弘法大師空海は説いておられます。

「どんなによく効く薬でも、飲まなければ効かない。

また、どんなにすばらしい衣服がたくさんあっても、着なければ寒い」

どれだけ世のためになることを知っていても、それを実践しなければ、何の役にも立たないということを教えておられるのです。

「幸運の神に後髪はない」と言われているように、あなたに幸運がめぐってきていても、それをみすみす逃してしまうのは残念でしょう。

振り返って後ろ髪をつかむことはできないのです。

考えるだけで行動に移さなければ無に等しい。

ある禅宗の師が弟子たちに講義を行っている最中に、雨が降ってきました。

屋根が傷んでいたために、部屋に雨漏りが始まったのです。

弟子たちは、あわてて雨漏りを受ける器を探しにいきましたが、ちょうどよいものが見つからずにウロウロしています。

そのとき、一番若い弟子がザルを持って駆けつけました。

あとから桶などを持って兄弟弟子たちがやってきて、ザルを持ってきた弟子を役立たずだと嘲笑しました。

しかし、その師は、ザルを持って駆けつけた弟子をほめたのです。なぜなら、理屈よりも行動をとったからです。

火急のばあいには、理屈はいりません。

まず、行動する。この一語が生きていく上での中心となります。

辛いときほど明るく表情を輝かせなさい。きっと善や福がやってくる。

私たちの心の蔵には、幸福になるためのエネルギーが無限に備わっています。

私たちだれもが、すばらしいエネルギーを生まれながらに持っているからです。自分のエネルギーの輪を大きく広げれば、自分自身の力も大きくなっていきます。

エネルギーである光は「明」を好み、「暗」を嫌います。

辛いからといって、苦しい表情を浮かべるのは、だれにでもできるでしょう。表情も声も心も暗くすれば体内は曇ってしまい、もともと自分の中に存在しているエネルギーである光は閉じ込められてしまいます。

だから、辛いときほど意識的に明るく行動するのです。表情を輝かせ、ユーモアを口にすれば、それが習慣となって、暗が忍び寄るスキはなくなります。

それは、体内から光がおのずと出てくるからです。

「あやまちを犯すものは、暗い迷いの心を持ち、

福をなすものは、明るい悟りの心を持つ」（『性霊集』）

と言われているように、明るい心を持っていれば善や福を行うことができるし、暗い心はあやまち、悪を犯すことになります。

小さいことでもルールを作って、実行に移しなさい。守れる自分に自信がついてくる。

「自分に自信が持てないんです。だからすべてに消極的になってしまう」

これはしばしば相談される悩みです。

そんなとき私は、

「自分だけの法律を、たった一つでいいから作りなさい」

と、すすめます。

「たとえば、どんなことですか」

「何でもいいんですよ。毎日の生活の中でのこと。通勤や通学の途中でもいい。遊びのことでもいい。何かあなたにひっかかって仕方のないことがあるでしょう。

それがヒントを与えてくれます」

相談に見えたOLの女性は、通勤の途上で毎日、駅や道で人にぶつかってイライラしていると言います。

そんなとき「ごめんなさい」と謝ることにしていましたが、それがわずらわしくて仕方がなかったそうです。

相手が悪いことも多いのに、謝らない人が多いことにも腹が立っていました。

彼女は、どうしたら朝夕の通勤時に機嫌よく過ごせるかを考えました。

すると、ハッと気づいたのです。右側通行と決められた規則を、自分が必ずしも守っていなかったことに。

そこで私のアドバイスを受けて、自分だけのルールを決めたのです。

「ほかの人はどうであっても、私は通行規則を必ず守る」と。

彼女はそれを実行しました。それからは、たとえ人とぶつかっても「私はルールを守っている」と考えるようにすると、気持ちが軽くなったそうです。

心に余裕が出てきて、腹も立たなくなったそうです。

このような小さいことでも、一つのルールを確立して、それを実行に移すことによって、完璧にそれを守れる自分に少しずつ自信が持てるようになります。

もっと大自然に触れて眠っている野生を目覚めさせよう。

私は仏さまの教えに従って生き、人生の中心は行にあります。子どものころから、父親に従って行を重ねました。行とは行動であり、体験です。その行を「子どもにはムリだ」と親がさせなかったら、今日の私があったかどうか。早くから行をさせてくれたので、私は多くを学ぶことができました。

よく私は子どもたちを集めて、行の体験を行っています。それは私自身の体験から思うところがあったからです。

行とは、大自然に触れることです。人間の奥底に眠っている野生を目覚めさせる、ということではないかとも思います。

「野生を目覚めさせたら、理性のコントロールがきかなくなりませんか」

「野獣のような人間になってしまいませんか」

といった質問を受けたことがあります。そうではありません。

野生とは、仏さまの真理に純粋に感応するものだからです。野生を忘れると、人間はさまざまな毒におかされることになります。

昔は暮らしの中に自然がありました。子どもたちは、自然の中で工夫して過ごす楽しみを知りました。

現代の子どもたちは、わざわざ自然を訪れないと、森も、林も、草花や昆虫も知りませんから、できるだけアウトドアの体験を積ませるようにしてあげたいものです。

それが困難に立ち向かった場合に、自分でどう取り組めばよいのか、能動的に解決する力をつけてくれるからです。

五感のすべてを動員して野山を歩こう、誰もが詩人になれる。

戸外でのレジャーとなると、最近ではすぐにアウトドア・クッキングなどといって、さまざまな料理グッズや華美な調理例が雑誌などで紹介されています。

車と、それに積む道具類、食材、椅子、折り畳みテーブル、椅子などの数々。

これらを見ていると、道具類の重みに比例して、心が重くなってしまいそうです。

こんなものがなくても、おにぎりと魔法瓶だけで十分なのです。

荷物も軽ければ、心も軽い。急に思い立ったのなら、手ぶらも大いに結構。

「さまよいくれば秋くさの
一つ残りて咲きにけり

おもかげ見えてなつかしく
手折ればくるし花散りぬ」（佐藤春夫『秋くさ』）

詩人はおそらく、心に煩悶があったのでしょう。机に向かう心境になれず、どこへという目的もなく、下駄を突っかけて外に出たのです。

あちこち、あてどなく歩いていく道の両側には、チカラシバ、カルカヤ、カゼクサなどが、晩秋の風に揺れていたことでしょう。

そんななかに、ノコンギクでしょうか、それともノボタンでしょうか。

秋の花が、一輪咲き残っていたというのです。

五感のすべてを動員して野歩きをすると、だれもが詩人になれます。

そして心が動いた木や花や草、鳥や虫たちの名前を知りたくなり、さらに自然への愛着が増すようになります。

野山には、忘れられている日本がたくさんあり、それが現代に生きる私たちの心の大きな糧になるのです。

あせらずに、すべてを生命の大河にゆだねれば、安らかになれる。

弘法大師空海は、私たちの生命の旅を、

「空しく来たりて満ちて帰る」と、語っておられます。

満ちて帰るために、私たちは動きます。考えます。感じます。

満ちて生きるためには、何よりも人間同士はもちろん、宇宙と共生することに尽きます。自分だけがよければという考えで行動していれば、いずれ行き詰まってしまうでしょう。

たとえば、「もっと歩みの遅い人に速度を合わせる」といったことも、共生の原則です。みんなのことを考えながら行動するのです。

現代の混沌とした社会で生きていくには、キレそうになるほどのストレスが溜まることもあるでしょう。

それでもなお、あせってはいけません。ふっと立ち止まるのです。

そんなとき、中国の有名な詩人、杜甫《とほ》の詩を思い浮かべることができたらと思います。

しばし、大きな川の流れを見つめている気分になってほしいからです。

杜甫は、川原の小さな小屋にねそべって、川の流れを眺めています。

「水も雲もゆったりと、自分の好きなように流れている。
春は音もなく移ろいゆくものだと思いながら、
それぞれの流れの中に、
自分の生命をゆだねている。
それぞれが宇宙の中で

みずからが満ち足りているのだと感じている」

辛いことがあっても、すべて生命の大河の流れにゆだねるのです。そのような考え方に変えるだけでも、安らかになります。

恵観の心の旅③

私は母から勘当を申し渡され、「恥ずかしい死に方だけはするな」との手紙が届きました。

高野山大学を卒業した後、私は海外派遣の開教師を養成する機関で教育を受けていました。ところが当時、私は行者となって人々を救い、導くことに自信を持てなくなっていたのです。

今考えると、現実から逃げていたのでしょう。

それまで私が歩んできた道とは、まったく違う方向に社会人として踏み出してしまったのです。国家革命を企図したグループのメンバーに加わり、結果、クーデター未遂事件の連帯責任者として逮捕されてしまいました。

私は母に胸を張って「世直しをしてやる」と告げていました。

「そんなこと、できるはずがない」

母は、一言でそう断じ、私に勘当を申し渡しました。

その後、一通の手紙が届いたのです。

「あなたは、お母さんが産んだ子だから、恥ずかしい死に方だけはしないように」と。

逮捕勾留され、検事の取り調べとなったとき、担当検事が言った言葉を忘れることができません。

「すごいお母さんだね」

本来の生き方に引き戻された私に「拝み屋でけっこうじゃないか」の精神が形成されました。

起訴猶予の身となった私は、自分でも気づかぬうちに本来の路線、生き方に引き戻されていました。幼いころから実践してきた行や修法のすべてを吐き出すしか、自分の生きる道はないのだと気づいたのです。

ならば、「自分はどれほどのものか見ていただくだけだ」と決心しました。

「拝み屋？　けっこうじゃないか。拝まない僧より、私を信じてくれる人のために拝む拝み屋でよい」

一種の開き直り精神はこのころに形成されました。

「読経したら、刀岳の禅を組め。

禅を組んだら修行せよ。
修法したら護摩を焚け。
護摩を焚いたら、八千枚護摩行を行え。
八千枚を終えたら十万枚。
そして、先祖もだれも達成したことのない
百万枚護摩行に挑戦してみよ」
私は、五、六歳のころから、繰り返し父にこう言われてきていたのです。

「今日一日だけ、やってみよう。一日できれば三日できる」
私の托鉢《たくはつ》は続きました。

私は行と托鉢に生きる決心をして、毎日、托鉢に出ました。托鉢も行者の道です。
ところが、その托鉢が嫌でいやでたまりませんでした。

私は「どんなに辛くとも行者の道を貫く」と、固い誓いを自らに立てていましたから、出ないわけにはいきません。

「今日一日だけ、やってみよう」と、考えました。

人にどんなに蔑みの目で見られようと、犬に吠えられようと、今日だけは耐え忍ぼうと思ったのです。

ぴしゃりと目の前で戸を閉められたり、十円玉を投げつけられたり、面と向かって「乞食に用はなか」といわれたり、想像以上の屈辱を味わいました。

けれども、次の日また「今日だけは頑張り通そう」と考えたのです。

「今日だけは」と考えるだけで、重苦しい心がぐんと軽くなったのは不思議です。

よく「一日できれば三日できる。三日続けば一年続く。一年続けば三年続く」と言います。

当時、私はそれを知らずに実践していたというわけです。

第6章
苦悩からあなたは必ず引き上げられる

生命とは、宇宙の光の海の中から、一つの器にすくいあげられたもの。

太陽がすべての生命の源であるというのが密教の教えであり、生命とは、光そのものではないかと、私は思っています。光とは粒子であり、また波でもあります。

宇宙には光の海が、どこまでも広がっています。

私たちの生命は、宇宙の彼方からやってきた手が、光の海の中からコップで水を汲んで、一つの器に汲みあげられたものです。

その汲みあげられたときに、私たちは生まれてくるのだと考えています。

でも、諸行無常ですから、そのコップはいずれ自然に壊れてしまいます。

その器が壊れたときに、生命の光はまたもとの粒子となって光の海へと帰っていく。

これが生命の循環です。そしてまた、汲みあげられて生命となるという輪廻を繰り返しているのです。この光を汲んでいく器が遺伝子ではないかと思っています。

遺伝子の構造と原理は、あらゆる生きものにすべて共通しているものです。

だから、「山川草木悉皆成仏《さんせんそうもくしっかいじょうぶつ》」という仏教の根本と相通じるものがあると、私は深い関心を持っています。

大宇宙から生まれたあなたは、宇宙の生命とつながっている。

私の寺には、多くの方々が悩みを持って相談に訪れます。

しかも、長い年月、ありとあらゆる手を尽くしても何の効果もなく、ワラにもすがる思いで来られる方も少なくありません。

悩みは、非常に深刻なものから、本人の気持ちの持ちようで解決できるものまで、まさに千差万別です。

たとえば、生まれながらに不治の病にかかっている人、原因不明の難病・奇病で苦しんでいる人、事業に失敗して多額の負債を抱えてしまった人、登校拒否などの問題行動の子どもがいる人、ノイローゼで悩む人、結婚の縁が薄い人、子宝に恵まれない人、一生懸命努力しているのに何をやってもダメだという人など、皆さんの悩みはさまざまです。

人の悩みや苦しみは、その人の立場になってみないとわからないものです。

他人から見て、たいしたことがないと思えることであっても、当人にとっては自殺寸前まで追い込まれてしまっている場合もあります。

不幸や不運に見舞われる人には、それなりの原因が必ずあるはずです。

理不尽だと思うのは、その原因がわからないからです。

原因さえわかれば、何らかの手だては考えられるし、どんな悩みや問題であっても、解決できないことはありません。

ところが、それらの原因は、一般の知識や常識を超えたところにあることが多いのです。

もう一度、あなたが宇宙から生まれ、宇宙の生命とつながっていることを思い起こしてください。宇宙が大宇宙であるとすれば、あなたの身体は小宇宙なのです。

自分の生命リズムと宇宙のリズムが、ピッタリ合えば健康でいられる。

あなたの体のリズムと大宇宙のリズムがぴったり合っていれば、体も精神も健康でいられるのです。

ところが、何らかの原因によって、目に見えない宇宙とのパイプが断ち切られることがしばしば起こってしまいます。

そのパイプが途絶えたときに、宇宙という生命体と自分のリズムの交流が狂ってしまい、そのためにトラブルが発生してしまうのです。

ひとたびリズムの交流が狂うと、人生そのものの歯車が次々と狂い出すようなことが起こります。

その結果、大病を患うことになったり、冷静な判断力を欠いて仕事に失敗したり、遭わなくてもいい不幸に遭ったりといったことになります。

まずは、自分の生命のリズムと宇宙の生命体のリズムを一つにすることです。

この空間を満たしている無限の生命の鼓動を、みずからの体とピッタリ合わせて共鳴させるのです。

そうすれば、リズムの狂いは矯正され、人間として正しい軌道に乗ることができ、よい方向へと回転していきます。

私は、苦しんでいる人々のために、全身全霊を込めて祈り（加持祈祷）ます。

どうか少しでも病気が軽くなりますように、この人々が幸せになってくれますようにと、行者の私が持てる力をふりしぼって祈願しています。

私の祈りがよく働いて、難病に苦しむ人、悩みに打ちひしがれている人を救うことができるのです。

現実に、私の目の前で不思議な現象が日々起こります。

苦悩から抜け出すには、宇宙のエネルギーをキャッチすることです。

その、もっとも身近な方法として、祈りがあるのです。

あなたが祈る心を持つこと、そのことへの気づきが思いもかけない力となって、心や体の癒しが始まります。

真剣に祈れば祈るほど、宇宙のエネルギーをいただく力は強まります。

その力によって、病んだ方々の心身の狂ったリズムが調整されるのです。

現代科学では筋の通らないことばかり。でも、地獄から引き上げられた人があまりに多い。

これまで現代医学で解明できないさまざまな病気で悩む信者さんを、私は数多く癒してきました。しかし、そのようなことはあり得ないという人がいるかもしれません。

「病気が治ったということはわかった。でも、それは体のリズムを調整して癒されたのでなく、何か別の要素が働いたためではないのか。

科学的に証明できる何ものかがあるのではないか。偶然治ったということも考えられるのではないか」

そう思われるのももっともなことです。

現代の科学的見地からすれば、まったく筋の通らないことばかりだからです。

それにしても、私が治してきた人々の実例があまりにも多すぎます。心身が強化され、病から解放されるなど、地獄から引き上げられた人は数々おられます。

これらがすべて偶然であるとしたら、そのほうが奇蹟であると私には思われます。

現代医学では解明できない力が働くとしか、私には思えないのです。

加持祈祷を受けた信者さんたちは、私の手が悪い部位に置かれると、猛烈に痛くなり、次にはその部位に熱がこもってくるといいます。

症状が悪ければ悪いほど痛みは激しく、熱さも増すのです。

ここに秘密を解明するカギがあるように思われます。

「奇蹟とはこういうもの」その事実を正しく見つめることが幸せへの第一歩

心や体に悩みを持って来られる人たちも、最初は半信半疑です。「そんなバカな」と、むしろ不信感をあらわにしておられる人が多く見られます。

だれもが、恐らく、そのようにお考えなのではないかと思います。

そして、病が癒えると初めて、「なるほど、奇蹟とはこういうものか」と納得してくださいます。

見えなくなった目が開いた、全身のイボが取れた、心不全を未然に防いだ、痙攣性マヒの子どもが口をきいた、身動きできない人が歩けるようになったなど、これまでの不思議な体験は枚挙にいとまがありません。

その報告を聞く瞬間が、行者としての私のいちばん嬉しいときです。

苦しい行を重ねた甲斐があった、私がやってきた行は無駄ではなかったと、つくづく感じるのです。

そして、もっと頑張れ、もっと励めと、自らを叱咤激励しています。

世の中には人知で解明できない不思議があるのです。

その事実を正しく見ることが、病が癒され、幸せになれる第一歩です。

行者が宇宙のエネルギーに感応し、それを注ぎ込んで癒す。

私たち行者は、仏さまと一体になって、大宇宙のエネルギーを受け取ります。この行が護摩木《ごまぎ》を焚く護摩行《ごまぎょう》です。

信者さんたちの祈願札は、祈願成就を祈念しながら、一枚ずつていねいに護摩木といっしょに炎の中に供えていきます。

この祈願札が多いときには、三千枚、四千枚にもなりますから、通常であれば二時間程度で終わる行も、さらに時間がかかることがしばしばです。

護摩行をしている間、弟子たちは信者さんといっしょに不動真言を唱えます。不動真言だけを繰り返し、繰り返し誦するのです。

弟子たちは、信者さんたちが真言を唱えるときのリーダー役であり、のども張り裂けるほど大声で真言を口から叩き出します。信者さんたちも負けじと真言を絶叫します。

その横では、弟子たちが大太鼓を叩き壊すほどの勢いで打ちならしています。

太鼓の音で自分や信者さんたちの仏性を目覚めさせ、煩悩の炎や毒素を体の中から外にはじき出すのです。

絶叫と大太鼓の雄叫びが入り交じり、それが本堂を揺るがさんばかりに響きわたり、その音が本堂に反響し、音同士が激しく空中でぶつかり合います。

このような行を続けるうちに、本堂で祈る全員の呼吸が一つに融合し、本堂の中に霊気が張り詰めてきます。

やがて、その呼吸が宇宙の呼吸と一体となり、本堂に満ちあふれた霊気が宇宙の霊気と重なっていくのです。

私たちは、さらに祈祷することによって、大日如来のエネルギーを信者さんに注ぎ込んでいきます。

たがいの心が呼応したとき、行者と信者さんが共に感応し、癒されるのです。

仲介者である行者は、ものすごい集中力によって神秘的な存在となり、周囲にいる人々はその気配を感じ取ることによって、すべてが一体になるのです。

言葉を変えれば、それぞれの人が生まれながらに持っている自分自身の力である仏性に目覚めるよう、行者がお手伝いをするだけです。

自分自身が、自分の力によって病魔を追い払うのです。

その力は、病気の子どもを何とか助けたい、と手当てをする母の愛と同じ。

仏さまの光は、愛の光、愛の力です。

行者が仏さまの力、愛の力を借りて癒すのは、お母さんと子どもとの関係を考えていただいたらわかりやすいと思います。

子どもが病気になると、お母さんはまず、患部に手を当てます。熱はどれくらいかと額に手をやり、お腹が痛いといえば、一心にお腹をさすってやります。

注射の力を借り、薬の助けを借り、それでも子どもが苦しめば、一晩中でも、傷むところ、苦しいところをなでさすってやります。

それが母の姿であり、そのときのお母さんは無心のはずです。何とか子どもを助けたい、楽にしてやりたい、その一心で、自分のことなど頭のどこにもないはずです。

お母さんは、まさに仏さまの心になっているのです。

お母さんのその姿に宇宙である仏さまが共鳴して、宇宙にある膨大なエネルギーである愛を送り込むのです。そのエネルギーが、お母さんの手を通して子どもの体内に入り込み、病気を癒す大きな力になると私は思っています。

これは、みずから仏さまと一体になった行者が加持祈祷をするのと、基本的にまったく同じです。

ただ、行者のほうが、絶えず行をして自分の力を磨いているため、宇宙のエネルギーを取り込む力が、お母さんよりはるかに強いだけです。

少しだけ窓を開けてきれいなエネルギーに変えれば、物事がよい方に回転し始める。

私たちはいつも生命の粒子を放出したり、取り入れたりしながら生きています。きれいな粒子を持っている人間が多いほど、社会は浄化されます。

私たちが持っている生命の粒子とは、心身のエネルギーそのものです。宇宙のリズムと自分のリズムが合わなくなるのは、ちょうど空気中の酸素が不足して呼吸困難に陥っているのと同じなのです。

だから、少しだけ窓を開けてやり、新しい空気を入れてもとに戻し、悪い影響を及ぼしているエネルギーをきれいなものに変える。それによって、調和を取り戻すのです。

日々の生活の中で、心身を浄めて宇宙とのバランスを取ることを心がければ、私たちに備わっている無限ともいえる能力が見違えるほど活発になります。

それが自分自身を救う道となるのです。

バランスの取れた生活、そのような生き方ができるようになれば、あらゆることに対して正しい判断ができるようになります。正しい智慧が湧いてきます。

こうなれば怖いものなどなくなってしまいます。

物事がよい方へ、よい方へと回転し始めます。運が向いてくるようになります。

心にほこりが溜まらないように、寝る前の五分で掃除をしよう。

普通に暮していても、ほこりは毎日たまります。家をきれいに保つには、ほこりに気づいたら、すぐ拭き取って毎日掃除を欠かさないことです。

一週間に一回、徹底的に掃除をしても、毎日少しずつたまったほこりは、どこかに残ってしまうものです。

私の最福寺では、弟子たちはもちろん、企業研修生にもしっかり掃除をさせています。手抜きはしません。境内、本堂、大仏殿、仏具など、これでもかというほど徹底的に掃かせ、拭かせます。それは心のほこりを払うための行です。

家のほこりと同じように、心のほこりも毎日たまるからです。

心にほこりがたまると、モヤのようにかすんで邪魔をします。光を通さなくなります。光は大宇宙の本質であり、仏さまであり、幸運でもあります。

せっかく光をいただきながら、それに気づかずに過ごしてしまう人が少なくありません。それは毎日、心のほこりを払っていないからです。心のほこりを払って浄めるのです。

雑念をふり払って、静かに一日を振り返ってみるのです。仕事の手抜きをしなかったか、人への親切が中途半端でなかったかなど、チェックしてみるのです。

そして至らなかった点を反省し「明日こそは」と心の準備をします。

さほど時間をかけなくても、一日五分か十分で心のほこりはきれいに取れます。

寝る前の五分間、心の掃除をしましょう。横になり、目を閉じて、今日一日、自分の心の動きを振り返ってみます。

チェックポイントをいくつか決めておき、一つずつ十点満点で採点してみてください。
①朝、家族や近所の人に、気持ちのよい挨拶ができたか。
②通勤の途上、人の迷惑になるような行為やルール違反をしなかったか。
③勤務先の上司、同僚、後輩と、きちんと挨拶を交わしたか。失礼なものの言い方をしなかったか。
④得意先の人やお客に喜んでもらえたか。傲慢な態度をとらなかったか。仕事の上で労を惜しまなかったか。手抜きをしなかったか。
⑤道や駅やコンコースで、お年寄りや体の不自由な人に、何か手助けをしたか。
⑥友人と気持ちよく本音で会話ができたか。だれかの悪口を言ったり、恨んだり、のの

しったりしなかったか。

⑦雨の日なら、道や電車内で、傘で人に迷惑をかけなかったか。もし迷惑をかけたら、きちんとあやまったか。

⑧買い物の際、店の人と明るく対応できたか。

⑨楽しく笑うことができたか。

⑩何かを学ぶことができたか。

時間軸にそって走馬灯をゆっくり回転させていくと、そのときは正しいと思っていたことが、とんでもない間違いだったことに気づくこともあるでしょう。

逆に、何気なく口にしたことが大正解だったりすることもあるでしょう。

一つひとつ確認し、反省するのです。

また、あなたなりのチェックポイントを決めてみてください。

今日一日の総括をすることが、心の掃除につながります。

心の糸をよりあわせて強くするには食事の見直しから。

すぐにカッとする。それが切れるということですが、何が切れるかといえば、我慢する心の糸が切れるのです。張りつめていた緊張が一挙に崩れて、社会のルールの枠を超えてしまう人が増えています。いわば糸が切れた凧《たこ》の状態です。

糸が切れた凧ならば、風に吹かれて大空をさまようだけですが、心の糸が切れた人間は、自分で自分をコントロールできなくなって、他人を攻撃する刃と化してしまいます。緊張感でいっぱいになってしまうから切れるのです。

心の糸を丈夫にするには、一本だけではダメです。糸が一本しかなかったり、弱くて細かったりすると切れやすくなります。何本ものさまざまな種類の糸を、よりあわせて、切れない糸を作ることを考えなければなりません。

では、切れないためにはどうすればよいのでしょうか。

まずは、食生活の見直しです。バランスの取れた栄養をとることです。心が落着く食事をすることです。一汁一菜とはいいませんが、身体が必要としているだけのものを、ありがたく、楽しくいただくのが食事の基本です。

食材については何がよくて、何が悪いというより、なるべく新鮮なものをよく噛んで食べることです。食事はただの栄養補給ではダメです。

野菜が必要だからといって、ジュースだけを飲んでいたのでは、噛むという動作が省略されてしまいます。

備わっている器官を、それぞれの役割にしたがって、存分に動かすことが、生きるという意味なのです。

内臓エネルギーが充実すれば心身が強まる。

脳細胞を働かせるためには、食事が非常に大事になってきます。心の病を取り除くには、脳細胞を強化して、どんどん活性化しなければなりません。なぜなら、脳細胞と心の糸とは深い相関があるからです。

食事の見直しは想像されている以上に重要なことですから、軽く考えずに今一度チェックする必要が大いにあります。

たとえば、昼夜逆転の生活、化学塩、コンビニや店屋物ばかりの食生活、防腐剤・化学食品などは、内臓エネルギーの不足をもたらす原因です。これらにどっぷりと浸かった生活は、大宇宙の法則に反しています。

それは健全な味覚や季節感を失わせ、健康を阻害し、食文化に無頓着な人間を作ってしまうからです。

内臓エネルギーが不足すると、持続力や集中力がなくなり、飽きっぽくなり、勉学や仕事を途中で放り投げたくなってしまいます。どんなこともやり遂げるのが困難になります。

現代の日本人は内臓が非常にひ弱で、とくに内臓が冷えている人が多くなっています。人間のエネルギーは内臓でつくられていますから、冷えてしまった内臓では十分なエネルギーは生産されません。

内臓と頭脳は密接につながっており、内臓エネルギーの不足が、肉体だけでなく、精神にもかなり悪い影響を与えます。

精神的なバランスが崩れそうになったら、食事のバランスが取れているかどうかチェックしてみてください。

声を大にして、その重要性を叫びたいと思います。食をおろそかにしている人には、心の安らぎは訪れないからです。

第7章
一所懸命の気持ちが必ず救う

邪気をなくして、仏さんの前で純真になれれば、人の眼に見えないものが見えてくる。

私の母は、どんな小さなことでも相談にのっていました。

相談に来られる人々の悩みはさまざまです。

母には、一般の人の眼には、決して見えないものが見えたのは、確かなようです。

というのは、内臓の病気など、まるでレントゲンで見たように正しく指摘していたからです。

そのため、相談者は、強烈な信者になっていきました。

少年のころから、私は母に繰り返し質問しました。

「どうして、こんなことがわかるの」

そのたびに、母の答えは同じでした。

「邪気をなくして、仏さんの前で、完璧に純真になることだ。

邪気とは、煩悩のこと。それをきれいさっぱり捨てて、この上なく素直になる。

それによって、受信機が清浄になり、何でもキャッチできるようになる。

お前は、欲があって素直になりきれないから、仏さんの言葉も聞けないし、宇宙に満ちているダイヤモンドやたくさんの宝を見ることもできないんだ」

母は、自分の能力を、欲や虚名のために使ったことは一度もありませんでした。

母をよく知らない人たちのなかには、母の法力をうまく利用しようとする人もいました。

無償で広い土地を提供したいという人もいました。

それにたいする母の返事は、いつも同じでした。

「私には、そういったものはいりません。

ご飯は茶わん一杯あれば十分です。バケツで食べるわけではないですから」

ただ、ただ、行に打ち込んで、皆と一緒に、生命を燃やしつづけたい。

世の中は、さまざまな苦しみに満ちています。

宗教とは、それらの苦しみから人を救うためのものです。

苦しみを少しでも軽くしてあげるのが、宗教の役目です。

苦を取り除いて、現実の生活にさまざまな利益を与えてあげたい。

楽しい毎日が送れるようにしてあげたい。それが私の願いです。

「抜苦与楽《ばっくよらく》」と仏教では言いますが、苦を抜くのが慈悲の悲、楽を与えるのが慈です。

この世に生まれたからには、だれしも楽しく、幸福に生きたいと願っています。

病気で苦しみ、人間関係の不和に苦しんでいて、どうして心が満足できるでしょうか。

「衣食足りて礼節を知る」というように、現在の生活が満ち足りて、初めて心が満足し、幸福な生活が送れるのです。

私は仏さまのように、衆生のすべてを救うことができなくても、自分だけの利益を考えずに、一所懸命の気持ちで多くの人のためになる行をつづけていきたい、みなさんと一緒に、私の生命を燃やしつづけたいと、ただ、ただ、行に打ち込んでいるのです。

耐えて、耐えてこそ、その後の実りも大きい。

私の寺の行はかなり厳しいため、弟子入りをしたいとやって来ても、一日だけでへばってしまう人が少なくありません。体がついていかないからで、「もう結構です」と自分の寺に帰ってしまうのです。

行の最中でも、私は弟子が少しでもたるんだ経文を読んだり、だらけた態度を見せると、すぐさま頭から水をかぶせます。護摩木を投げつけます。

仏具の器を投げ飛ばすこともあります。

これは弟子たちが憎くてするのではありません。

同じ真言を何百遍、何千遍もぶっ通しで繰り返していると、緊張感がなくなります。そのときに刺激を与えてやるのです。水をかけたり、物を投げつけたりすると、そのショックでまた、態度に緊張感が出てきます。

甘い行などありえないのです。行はどれだけ厳しくても厳しすぎることはないのです。

これくらいのことでくじけるようであれば、行者にはなれないからです。

行者自身が苦しんで、苦しんで、苦しみ抜かずに、どうして人々の本当の苦しみを理解できるのかと思うから厳しくしています。

行とは、祈ることであると同時に、耐えることです。

耐えて、耐えて、また耐えてこそ、その後の実りも大きいのです。

これは行に限ったことではなく、あらゆる人に、あらゆる面について言えることです。

コップにこびりついた汚れは、タワシでダメなら、包丁で落とすしかない。

さまざまな苦しみや悩みから救われるためには、どうしても厳しさが必要になります。

しかし、一所懸命の気持ちになれば、必ず救われます。

行者が行をするときは、死と表裏一体でなければなりません。

私の寺に救いを求めて来る方々は、きっちり固まってしまった人ばかりです。

若いとき、幼いときならば、コップの汚れを落とすのと同じで、たとえ汚れていてもすぐにそれはとれます。

でも、コップの汚れでもこびりついてしまっていたら、もうタワシでこするしかありません。タワシでこすってもダメならば、包丁で落とすしか方法はありません。

タワシならば、皮が痛いぐらいですみますが、包丁ならば血が出てしまいます。

小さい子どもであれば、一つひとつ慣らして教えていけばよいのですが、成長期間が過ぎてしまった大人は、固まりきって我が強いため、突貫工事で癒すしかありません。

突貫工事をするには、どうしても厳しさが必要になります。

だからこそ、私の寺では、弟子に厳しく、トップであっても、突然、一番下に降格することもあります。

あるお坊さんが私に言いました。

「すごいなあ。あれだけ怒ったり、叩いたりしても、弟子の一人も出ていかないんだから、たいしたもんだ。うちなんか、ちょっと怒ったらすぐいなくなる」

そのためには、私自身が、弟子たちの前に立って厳しい行をしていかないと、だれもついてきません。

だから、弟子たちが大きな罰を課せられても、きっちりやります。

たとえ外国人であっても、差別なくやります。

「ダメだ。周囲九〇〇メートルの墓地を七回・十五回・二十一回・三十六回まわれ！」と。

必死になって行じれば、人の苦しみ悲しみを分かち合える。

私自身、行は苦しくなければいけないということが基本にあります。

昔から「蟹は甲羅に似せて穴を掘り、人は心のほどの世を経る」と言われているように、自分が体験したことで、人の苦悩がわかるからです。

人々の悩みを知るためには、やはり、その人の心の中に入っていかなければならないと思うからです。

この世には、さまざまな人がいます。そのすべてを体験することはできませんが、できる限りそのような苦しみ、悲しみを経験したいのです。

そのとき、初めてその人の気持ちがわかると考えて、すべて体で受けています。それが行なのです。

私は日常的に護摩行の苦しさを体験していますが、それは他の人の苦しみを体験して、人の苦しみを自分の苦しみに、人の悲しみを自分の悲しみにできるようにする、そういうことで一所懸命やっております。

つまり、理論よりも実践が先にあります。実践を通してのみ、救いがもたらされます。実践を伴っていない言動は、ただの受け売りです。

実践している間に、自分の中にパッと出てきた言葉でなければ、人の心を動かすことはできません。人の心の琴線に触れない言葉になってしまいます。

護摩行をするとき、相手は何百人で、受け手は私一人ですから、ときには熱気によって私が押し倒されそうになることもあります。

それに負けまいと必死になって行じているわけです。

地獄の業火にあぶられてもなお、人々を救いたい、苦を取り去りたい。

ごうごうと燃え盛る護摩壇で、護摩木を火にくべながら真言を唱える護摩行は、本当に地獄の業火にあぶられているような苦しみになります。

行をしている最中は、熱さから逃れたい、一刻も早く護摩が終わらないかと、懸命に苦しさから逃れることばかり考えます。

やっと厳しい行が終わっても、まだ行の半ばにすぎないのです。

護摩を焚いた炉をきれいに掃除し、法具を一つずつ磨いて、次の行の準備をしなければなりません。堂の掃除、境内の掃除と行はつづくのです。

時を告げる梵鐘を鳴らす、また托鉢行に出かけるなど、行は無限にあります。

寺の門を叩く人たちは、必ず悩みを持ってやってきます。

私はまず、それらの苦を取り除かなければなりません。

弘法大師空海は言っておられます。

「たとえ、さまざまな欲望を心の中にもっていても、なお、蓮華の清浄な花が汚れた泥の中から咲くような気持ちでいたいものだ」（『法華経開題』）と。

自分のためではなく、人々のために行をすることで、宇宙と一体になれる。

行者は、人を救うために行をします。だから、私は「自分のためには祈るな」と幼いころから言われてきました。

ところが苦しい行をしていると、苦しむ自分ばかりに気がいってしまい、人の苦しみに思いをはせる余裕を失ってしまいます。

「どうかこの灼熱の苦しみが早く終わりますように」と。

今、私はいささか誇らしく思うのは、これまで成し遂げた九十一座の八千枚のうち五十座近くと、百万枚が、単に成満したというのではなく、人々の悩みや苦しみとつながりを持ちつつ成満したということです。

自分のためにではなく、人々のために行をすることにより、宇宙と一体となれたのです。すさまじいほどの行を積んだ選ばれた人が、神秘体験ができるのです。

心を磨くのが日々の祈りです。ひたすら人々の苦しみを救うお手伝いをしたいと願って生きていることが行です。

燃え盛る火の間近に坐って、長時間真言を唱えていると、意識はどこかに飛んでいってしまいます。まさに無我夢中の状態です。

毎日生活をしている中で起こるさまざまなことへのこだわりが、護摩を焚いていると消えていきます。

人生はまさに、一瞬の積み重ねの連続。「今、ここ」を一所懸命生きるだけ。

私たちは、さまざまな疑問を抱えながら生きています。

言葉ではっきり答えを出すことはできなくても、感じ取ることはできると弘法大師空海は教えています。

生命とはどんなものかを感じ取ることができる人と、感じることをやめている人では、同じ時間を過ごしていても、人生はまったく異なったものになります。

正しい修行によって心の状態がだんだん進んできて、生命が無限であることを知れば、生きている瞬間とは、いかに大切なものかがわかってきます。

弘法大師空海は、生き続ける心を教えます。

悩んだり、悲しんだり、喜んだり、みんな自分の心の流れです。

心は連続して流れて生きているのです。人生は、まさに一瞬の積み重ねが連続しているものであり、その積み重ねが流れです。

私たちの生命は、今、この瞬間にも生死を繰り返しながら永遠へと続いているのです。

ただ、瞬間があまりに短いため、その生死の実感がなく過ごしているだけです。

だからこそ、「今、ここ」を大切にして、一所懸命に生きるだけです。

そのうえで、先祖に祈って、力を与えていただくのです。

恵観の心の旅④

父に教えてもらった草笛
下手なことが嬉しくて仕方がなかった。

私の得意芸は草笛です。葉の種類は選びません。メロディーを知っている曲なら、何でも吹けます。教えてくれたのは父でした。

私は五歳のときから父に連れられて、お加持をするために大隈半島の田舎の家々を回っていました。バスも電車もありません。

田舎道をトコトコとどこまでも歩いていくのです。

幼いわが子のなぐさめに、と父は思ったのでしょう。得意の芸を伝授してくれました。

初めのうちは何回挑戦しても、音が出ませんでした。

次の段階では、音は出ても父のように澄んだ音ではありませんでした。けれども、自分が下手なことが嬉しくて仕方がなかったのです。

練習していくうちに音が出せるようになるだろうし、やがては父のようにうまく吹けることが目に見えていたからです。

先に光明を見据えながら一所懸命に努力する、その過程が嬉しいのです。

無我夢中で一つのことに熱中する過程が喜びなのです。

これは野菜づくりや、花づくりでも同じです。

初めから完璧にできる人などいません。

種を播いても発芽しなかったり、双葉になったと思ったら鳥に食べられてしまったり、水のやりすぎで腐らせてしまったり、青虫に葉を全滅させられたりと、どこかで失敗することがあります。

だから一所懸命にエネルギーを注ぐのです。だから楽しいのです。

失敗や停滞することがなければ、喜びはずっと小さなものになってしまうでしょう。

バブルも不況も仏さまの智慧
芽を信じて、土を信じて待とう

現在、私たちはこれまでの生き方を変えなければいけないところに来てしまっています。

政治の変革もバブルから不況への変化も、実は私たちの心や行動に新しい気持ちを見つけさせる仏さまの智慧だと私は受け止めています。

その智慧は「待つ心」ではないかと私は思います。

兆しを感じて、育つまで見守る姿勢です。

草花に、早く早く育てと水をやって、つきっきりで育てるのではありません。芽を信じ、土を信じて待つのです。

兆しを感じるには、かすかな変化に気づく敏感さが必要です。

気づいても、そっとしておく優しさが芽生えにつながります。

渡り鳥も、そっと待っていれば帰ってきます。

あまりあせることなく、じっくりと自分自身を育てていくことから、もう一度取り組んでみてはいかがでしょうか。

第8章
大宇宙のエネルギーをいただこう

宇宙に遍満している無限のエネルギーをわが身に感じ取ろう。

密教は秘密の鍵を得る教えです。その鍵を得ることが行であると教えています。宇宙には秘密の鍵であるエネルギーが、いたるところに満ちみちているのです。私はそのエネルギーを「宇宙に遍満する生命エネルギー」と表現しています。

地球から月、太陽、銀河系に存在する星まで、そこに常住する生物をはじめ、あらゆる物質、あらゆる現象に光のエネルギーは遍満しています。

永遠不滅の真理であるそのエネルギーを、わが身に感じ取ること、それが幸せの門を開く第一歩なのです。

その光を感じ取る心は、だれしも生まれながらに備えており、非常に奥が深く秘密に満ちています。

秘密に満ちている光ではありますが、もしあなたに感じ取ろうとする意思があり、それを行動に移せば、無限のエネルギーを手にすることができるのです。

エネルギーを手にすれば、日々感動して生きることができます。

感動することは、宇宙の生命に触れることであり、これこそ私たちの生命にとって最大の宝物です。

秘密の鍵を手にするためには、ただ真言を一所懸命に唱えるだけです。

一心不乱に真言を唱えていれば、いつしか宇宙のリズムと同調し、そこに不思議な力が生み出されます。

この事実は、私たちにとってまさに最大の宝物なのです。

あり余る宇宙に遍満するエネルギーを、いかにして自分のものとして活用できるか。

そのための智慧を十分に働かせなければなりません。

宇宙と融合すれば、無限の生命力がわき上がる。

弘法大師空海は、インドから中国に伝わった密教を日本に持ち帰って集大成しました。

宇宙の中に人間があり、人間の中に宇宙がある。

マクロとミクロは対極にあるのではなく同じものだから、宇宙のバランスは、そのまま人間のバランスなのだというのが、基本的な概念です。

人間は宇宙に広がる無限の生命力を秘めていると教えています。

矛盾は矛盾のままにバランスとして存在し、矛盾すらも包み込んでしまうのです。

弘法大師空海はミクロとマクロを一体化し、それを「六大の思想」として完成させました。

六大とは、地・水・火・風・空の五大と識大を合わせたもので、この六つの要素が宇宙を構成しています。

「大」とは根源的なものという意味です。

弘法大師空海は、宇宙の象徴としてこの六大をとらえたのです。

人間そのものも、この六つから成り立っています。

これら六つの要素はバラバラに存在しているのではなく、たがいが溶け合っています。

①地＝土地そのものを指しているのではなく、固いもの「固体」です。人間では身体そのものです。

②水＝水で流れて下降するもの「液体」です。一切のものを浄め、育てる再生力を持つもので、人間では血液や体液です。

③火＝燃え上がり上昇するものです。一切のものを焼き尽くす激しさと温かさを持ち、人間では体温や活動力です。

④風＝動くもの「気体」です。一切のものを吹き飛ばすダイナミックなもので、人間では呼吸です。

⑤空＝あらゆる「空間」です。無限であり、時空を超えた広がり、包容力を持つもので、人間の生命力、魂です。

⑥識＝精神的な認識作用で、識とは智であり、覚であり、心です。私たちの人間活動のすべてを表現しています。

これら六大は、融合して渾然一体となったものであり、それが存在そのものです。

宇宙も、国家も、人間も、すべて同じ要素を持っており、同じように機能しています。だからこそ、国家の激変を人間にたとえて判断できるし、また地球に住む人間の病気としてとらえることができます。

地球の破壊は私たち人間の破壊そのものなのです。

行じると強い力が体内にあふれ、深層意識が清められる。

行をして心身を清め、宇宙に満ちている生命のエネルギーを体内に取り入れると、深層意識が浄められて、それを通じて先祖とも神仏とも通じ合えます。

太陽が降り注ぐ日は、何となく気分がよく、自然にあふれたところに行けば、すがすがしい気分になります。

こうしたことは、この大宇宙にある生命力によって、私たちの身体の細胞が生き返ったことを教えているのです。

行をすると、こうした宇宙エネルギーがみなぎってきます。

どんなときにでも、強い力が体内にあふれてきて深層意識が清められます。

人を惹きつけるものは、やはり内面から出てくる光です。

太陽の光を受けて、それがずっと自分の生命体の中に入っていく。光が生命体になる。その光をきちっとつかむことが大切なのです。心身は充実し、健康になります。宇宙の智慧をいただき、それを他の人々のために使うことです。それが幸せになるための、もっとも重要なポイントです。

与えられた場所で一所懸命生きれば、だれでも宇宙の智慧をいただける。

私は、真言密教の最大の荒行である「八千枚護摩行」を九十一回成満してきました。平成元年には前人未踏といわれる「百万枚護摩行」という命がけの行も達成することができました。

百万枚を達成するには、一日八時間の護摩行を百日間連続して行わなければなりません。

行の作法については、父から口伝で教わっていましたから、あとは自分なりに工夫をこらして難行につくりあげていきました。

その護摩行をする何年か前に、身が震えるほど驚かされた体験があります。

発端は、友人が貸してくれた鎌倉時代の巻き物『八千枚記』でした。

そこには、私が自分で独自に工夫をこらして開発したと思っていた護摩作法と同じものが書かれていたのです。

自ら開発したと思っていた作法がそのまま、七百年前すでに行われていたのを知ったのは驚きでした。

当初、私は、自分がその巻き物を書いた行者の生まれ変わりではないか、そうでなければ同じ行ができるはずがないと考えていたのです。

しかし、百万枚護摩行を達成した後に、ふと、そのような行者の生まれ変わりとは違うことに気づいたのです。

生まれ変わりなどではなく、ただ宇宙に遍満している智慧、先人の智慧をいただいたのにすぎないのだと……。

与えられた場で一所懸命に生き、仕事をしさえすれば、人はだれでも宇宙に遍満する智慧を得ることができることを知らされたのです。

たとえば、天台宗には千日回峰行があります。禅宗には坐禅行が、念仏には念仏行があります。学者には学者の行があり、芸術家には芸術家の行があります。

これらの方々も、自らの仕事を一所懸命になさったからこそ、宇宙に遍満するエネルギーと出会えたのです。

その場、その場で自分の仕事を一心にする。それがあなたの行なのです。

新たな発見や発明だと思っていた事がらのすべては、実のところ大宇宙の真理として初めから存在していたものです。

だから、あなたもまた、与えられた場で真剣に仕事をすれば、宇宙に遍満する智慧を存分にいただけるのです。

宇宙のパワーをいただけば人間の能力は無限に上昇進歩する

私の寺には、政治家、有名なスポーツ選手、相撲の力士、野球の選手、医者、会社の経営者、弁護士、音楽家などさまざまな業種の方々がみえます。

なぜ、このような方々が行に来られるのでしょうか。

それは自分の中に備わった能力を十二分に発揮したいからです。

大日如来の働きの一つ一つに音楽があり、スポーツがあり、ほかの分野がある。

いかなる分野であっても、人間の能力は、無限に上昇・進歩するのです。

それが達成された時、これを見たり聞いたりする人々が感動し、自らの存在に喜びを感じることができる。これが宇宙のパワーです。

日本人で、最初にノーベル物理学賞を受賞された理論原子物理学者に湯川秀樹博士がおられます。

博士は、中間子の理論を確立して受賞されましたが、その理論の着想は、仏教の経典にありました。仏教には「空」の概念があります。

ウラン等から取り出した原子は、プラスとマイナスが結合しますと、大変なエネルギーを発して爆発します。これが原子爆弾です。

その原子は、自然界に存在していますが、爆発しません。

これは何かと疑問に思われた博士は、「空」という条件を設定して理論を構築しました。プラスとマイナスの間に、中間子という「空」が存在しなければならないと考え、それを数式に置き換えて世界に発表したのです。

発表した時は、だれも信じませんでしたが、十四、五年してその中間子が発見され、湯川博士の理論が正しかったことが証明されました。

この理論によって、原子が自由にコントロールできるようになり、原子力発電などの新しい分野が生まれたのです。

仏典にヒントを得たこと、といいますが、宇宙の智慧、仏の智慧をいただいたのだと思っています。

恵観の心の旅⑤

百万枚護摩行が結願の日、
私は慈顔で近づいてくる仏さまをはっきり見た。

百万枚護摩行が結願の日のことです。

寺全体が異様な熱気に包まれていました。

堂内はぎっしり信者さんで埋め尽くされ、あふれた信者さんは境内に敷かれた緋もうせんの上に坐り、必死で真言を唱えています。

仮設テントが幾張りも張られています。

夜来の雨が上がって、青葉が五月の陽に輝いていました。

三メートル近くまで上がった炎が最後の輝きを増したときでした。

護摩壇の上は七色の光に包まれたのです。

私は、その向こうに、慈顔を示しながらこちらに近づいてくる仏さま〈大日如来〉を、完璧に覚醒した頭と眼で、きっちりと認めました。

仏さまは、この上ない微笑で私を見つめていました。

私の百万枚護摩行は、こうして終わりました。

全国各地から、猊下や大勢の僧正が駆け付けてくださり、ともに成満を祝福してくださいました。

栄誉でした。

私は、これぽっちも有頂天にはなりませんでした。

「終わった……」

自分でも驚くほど、あっさりとしていました。

特別なことをやってのけたという意識は、まったくありませんでした。

「特別なこと」を「特別でなく」しただけでした。

百日の間に少しずつ変わっていった。日を追うごとに、心が穏やかになっていった。

今、思うのですが、もし「おれは、すごいことをしている」と、思いつづけていたら、私は早い段階で間違いなく挫折していたでしょう。

百万枚護摩行を行った百日の間に、私という人間が少しずつ変わっていきました。日を追うごとに、心が穏やかになっていったのです。

覚悟の定まっていない弟子や、行をいい加減にやった弟子にたいして、それまでは青筋を立てて叱りとばし、きつい皮肉を浴びせていました。

以来、彼らなりに頑張っているのだからと、たいていのことは許せるようになりました。

もともと、私は笑う坊さんでした。

それからは、ますます笑顔が多くなりました。

境内を歩いていて、美しく咲く花や青葉などに、

「はつらつとしてみごとだね」

「可憐に咲いてるね」

と笑いかけ、声をかけるようになったのです。

また、お会いするすべての人が、ますますいとしく思えるようになりました。

この広い地球で、この方は、ただ私一人を頼っていらっしゃったというだけで、逆に感謝の気持ちが起こるようになりました。

弟子たちが、大ポカをしても「よか、よか」と言えるようになりました。

そんな自分に気づいて、飛び上がるほど驚いているのです。

すべて、認める。すべて赦す。

すべて言祝《ことほ》ぐ。


お不動さまや仏さまによって、変えられた私がいるのです。

「すべて、認める。

すべて、赦す。

すべて、言祝ぐ。」

卑小な人間として、せめて私にできるのは、自分の身のいたらなさを日々真剣に受け止めることです。

仏さまにますますへり下り、謙虚であっても卑屈にならない姿勢で人に接することです。

心から笑顔で接することです。

精いっぱい、やさしい言葉をおかけすることです。

全身全霊を込めて、お加持・祈祷を申し上げることです。

誇らないということです。

仏さまの力によってなしたことを、自力でなしたように吹聴するようなことは、もっともしてはならないことです。

これは仏さまの怒りを買うことにつながります。

母は、いつも教えてくれました。

「清い心で、本当に一生懸命に拝めば、寺でも仏さんでも、向こうからやってくる」

長い間、精神論、抽象論としてとらえていたのですが、そうではなかったのです。

第9章
小さな欲を捨てて大欲を持とう

愛は望みである。愛は力である。

愛は、生命を育む力です。生命を強く育てる愛こそ、子どもの成長に欠かせない絆になり、栄養になります。

愛情によって、生命は連綿と受け継がれていく。それが自然の摂理です。

以下は、愛について説いておられた密教哲学者神代峻通先生の言葉ですが、私は深い感銘を覚えます。

「愛は忍ぶことである。怒らないことである。
愛はゆるすことである。とがめないことである。
愛は容れることである。閉ざさないことである。
愛は信である。偽らないことである。

愛は平和の心である。争わないことである。
愛は望みである。愛は失望しない。
愛は力である。愛は動じない」

だれもが持っている大いなる能力を人のために役立てなさい。

たった一人で幸福感にひたっていても、これは何にもなりません。周囲にいる人々もすべてが幸せになって、初めて本当の幸せを実感することができるのです。

人は一人では生きられません。あらゆる生命が連鎖して、この世の命の体系がつくられているからです。

自分だけ楽な道を歩こうとしても、一人でつくる道は頼りないものです。みんなそれぞれ、たがいに生かし合って生きる道が、生きていく上でもっとも大切なことです。

それは他人の力にすがって生きるのとは違います。

どんな人にも必ず優れたところがあります。その優れた能力を分かち合いながら、たがいに育っていこうという意思をしっかり持つのです。

私たち人間は、おおいなる能力を仏さまから分けていただいています。

「その能力を生かして人のために役立てなさい。それが自分自身を育むことになるのだ」

と仏さまは教えています。

それが布施の心です。

「大欲」は清らかな欲、人々を幸せにして、救いをもたらす心。

弘法大師空海は、

「善人の持つ大欲は欲であっても清らかだ
すべての人が豊かになれる欲だから」（『理趣経《りしゅきょう》』）

と教えておられます。

「大欲」は大きな欲望ですが、この「大」は「大いなる」という意味で、小さなものに対する大きいものではなく、絶対的なもの、究極のものという意味です。

善人の持つ大欲は、人々を幸せにしたい、救いをもたらしたい心そのものです。弘法大師空海は、人を救うことがいかに大切であるかを教えておられるのです。

悟りにいたった人は、自分だけが安楽な状態にいてはいけません。

欲望の世界に苦しむ人々を救うために、得た力を存分に使いなさい。それがもっとも豊かになる道であると説いているのです。

開運を望むならば、開運によって得た幸運を人々と分かち合いたいと誓いなさい。

それができる人は、たとえ多くの欲望がうずまく世界に存在していても、それに染まることなく、蓮華の花のように清らかな悟りを得られます。

清らかな蓮華の花は泥沼に咲きます。生命とはそのようなもので、混沌とした泥の中から仏さまの心を咲かせるのです。

自分にできることで人のためになることが慈悲、布施、利他

人間の心というのは面白いもので、自分にされたことを必ず相手に返そうという働きが

あります。喜ばせてくれたり、楽しませてくれた相手には、喜ばせてあげたいと思うし、傷つけられたり、だまされた相手には、同じように仕返しをしたいと考えます。

運のいい人は、友人や会社の上司や同僚たちに恵まれています。

だから、苦しいとき、大変なときに、そうした人たちのだれかから救いの手がさしのべられます。

そうした力を得て、不運すら幸運へと転換させてしまうのです。

しかし、これは偶然、救いの手がさしのべられたわけではありません。

そのような運のいい人は、どんな人に対してでも、幸せになってほしいと願い、そういう心で何ごとにたいしても接しています。

また、自分にできることで、人のためになることを積極的に行ってきた人です。

それを「慈悲」とも、「布施」とも、「利他」とも言います。

仏教は、人にしたことは、自分に返ってくると教えます。

だから、運のいい人は、これらを意識することなく、自然にできる人なのです。

こうした行為を、自然に積み重ねてきた人なのです。

何もできない人はこの世にいない。にっこり笑うだけでいい。

あなたが幸せを望むのであれば、他人を救って初めて幸せになることができます。

少しだけの親切であれば、だれでもできるでしょう。

その親切が積もれば、大きな親切になるのです。

「自分は、貧しいから何もできない」

「自分には知識がないから、何もできない」

と言う人がいます。

本当に何もできない人が、この世にいるのでしょうか。

そんなはずは、ありません。

あなたがにっこりと笑う。それを見た人がにっこりと返す。この微笑みによって、暗い気持ちだった人は、いくらか心の悩みを解消されるでしょう。

また、道路のまん中に穴があいています。車が通るたびに、雨水が飛び散って周囲に迷惑をかけています。

そんなとき、家からシャベルを持ってきて、その穴を埋めてあげる。これには学問も知識も必要ではありません。

でも、それをすることによって、泥水が跳ねることがなくなります。

これを町中の人々が心がければ、町中が明るくなります。

だれかが、率先して行えば、あとに続く人が出てきます。

優しい心さえあればいつでも実行できる「無財の七施」

布施の心で生きていれば、あなたは今すぐにでも幸せを呼び込むことができます。

布施とは分かち合うことです。現在、あなたが財力、知力、体力などに恵まれていなくても、人と分かち合うことができます。

仏教には「無財の七施」という教えがあり、優しい心さえあれば、いつでも、どこでも実行できます。

①優しいまなざしを投げかけることです。「眼は心の窓」というように、その人の心はまず眼に現れます。

②和やかな顔、喜びに満ちた顔が幸せを呼び込みます。また、笑うことにより免疫力が高まります。これは科学的にもすでに実証されています。どんなときでも笑顔を絶や

さず穏やかな気持ちで人に対するのです。

③愛情のこもった優しい言葉で語りかけましょう。人に慰め、励まし、喜びを与えることです。真心のこもった言葉は、仏さまそのものですから、聞く人の心を浄め、慰め、励まします。

④他人に対するとき、礼儀と敬意をもって接しましょう。

⑤いつも相手に気づかいをし、心に愛をこめて向かい合いましょう。

⑥ゆずり合って生きましょう。ゆずり合い、動き合うことで生きている空間も時間も実は増えていくのです。

持ちきれないほど持てば、重い荷物を持ったまま動くことができなくなります。ゆずり合って生きれば、思いがけない場所や時間や人々と出会うことになるのです。

⑦家の内外をいつもきれいにしておきましょう。いつでも人を温かく、気持ちよく招き入れることができるように。

いずれも難しいことではありません。

やろうと思えば、即、実行可能なものばかりです。

願いはあきらめず、集めて、集めて、集めなさい。必要とする人と分かち合いなさい。

私たちはだれしも物質的に恵まれた生活を送って、優しい愛情に満ちあふれた暮らしをしたいと願っています。その願いは尽きることがありません。

この願いをあきらめるのではなく、集めて、集めて、集めるのです。

そして、それを欲しい人にわけ与えるのです。どんなに集めてみても、一人の人間が受け取れるものには限りがあるでしょう。

愛情も、自分だけ愛されたいというのでは、だれの心もつかむことができません。

物質についても同じです。どんなに物質的に恵まれていても、他の人と分かち合う精神が欠落していれば、孤独な人生を送ることになります。

本当に自分が欲しいものは何かを自分に問うのです。集めていくうちに、それが理解できるようになってきます。自分は何をすればよいのか、だれが何を必要としているかを知ることができます。

集めて、集めて、集めた知識や愛情を持つ人は、それを必要とする人と分かち合い、生きる力の強い人は、その力の弱い人を助けるのです。

これは物質的な恵みについても同じことです。

生きて生まれて、他を利し、そして生かされる。

働くという字は、人が動くとあります。ただ動き回るのではなく、心を持って、意志を持って動くのが働くことです。働くということには、体を動かす、頭脳を動かす、思いやりを動かすなど、さまざまな意味があります。

また、働くは「はたらく」で、傍を楽にさせることです。自分が楽をしようと思って働くのではなく、他人を楽にさせる心を持って動くことです。

体を使い、気配りをし、嫌なことも多いのに、他人のために働くなどとんでもないと思うでしょう。でも、実際はそうではないのです。

人間はたった一人で生きているわけではありません。すべての人々との関わりや縁を持ちながら社会を作り、家族を作り、国家を作っているのです。

この世はまさに、人が働きながら作られています。

働くことは生きることそのものです。働きのないところに生命はありません。お金も物も、それなりに働いてこそ生かされます。

生命を磨くための鏡は、他人との関係性の中にあります。

生きて生まれて、他を利し、そして生かされる。

私たちは、他人によって成長し合っていますから、人のために働いていることが、巡りめぐってわが身の幸せにつながっているのです。

光を人に与えれば、自分の光の量がどんどん増えていく。

光を人に分けましょう。それが光を増やすことになるのです。

では、光を分け与えるとはどんなことでしょうか。

光を「エネルギー」「元気」と解釈すれば、人を力づけ励ますこととなります。

光を健康と考えるならば、その人が病気から立ち直れるように、体と心を遣って尽くしてあげることになるでしょう。

光を「前進する意欲」「成長する願望」ととらえるなら、にっこり笑ってそれを認め、エールを送ることです。光は面白い性質を持っています。あなたの光を外に出せば出すほど、あなたに補充される量が多くなるからです。

四国にはお遍路さんがたくさん訪れます。

道中には必ず親切なおばあさんがいて、お遍路さんが難儀していれば、家に連れてきて休ませ、お風呂に入れ、心づくしのものを食べさせます。

また、金品やチリ紙、タオルなど、お遍路に必要な品をプレゼントします。

四国ではこれを「お接待」と言います。おばあさんは、光を分け与えつづけているのです。それにより、お婆さんから光が失われたでしょうか。逆です。

光は、反対にどんどん増していくのです。

おばあさんには、何より慈悲の心があります。慈悲の心の光は、光をさかんに出す人のところに集まるのです。まるで宇宙の巨大な意思が働いているかのように。

自分だけのための小さな欲を捨てて、他の人を喜ばせる大きな欲に徹すればよいのです。

あなたの中に潜んでいる光を惜しんではなりません。

第10章

いま、あなたはこんなに輝いている

仏性に目覚めて他を救ってこそ、人間本来の姿で生きる幸せをつかめる。

弘法大師空海の著書に、『即身成仏義《そくしんじょうぶつぎ》』があります。

これは、私たちはどうすれば仏になれるかを説いた本で、一口に言えば「この身のままで仏となれる」としています。

つまり、「我が身がそのまま仏さまである（即身成仏）」ことを知ることです。

弘法大師空海は、即身成仏について、次のように説いておられます。

「宇宙から生命を授かって、

人間としてこの世に生まれてきた私たちが、

行を積み、祈りを重ねることによって、

私たちが本来持っている仏性に目覚め、

もう一度本来の姿である仏に戻るのだ」と。

とは言っても、「わが身を仏となす」ことは、簡単なことではありません。

ひとたび人間として生命を授かった私たちは、もともと仏性を持っているのに、邪念や欲望にさいなまれるからです。

そのため、なかなか自分が生まれながらに仏であることに気づくのが難しい。

それに一刻も早く気づいて、欲望や邪念を捨てて仏性を知るように努力しなさいと、弘法大師空海は教えておられます。

その結果、他を救うという仏の慈悲心に目覚めるのです。

仏性に目覚めて他を救ってこそ、人間の本来の姿で生きる幸せをつかめるのです。

それを目標にして日々修行し、自分の中に潜む仏さまと出会わなければならないのです。

行をして、祈って、祈って、仏と一体となり、仏の加護を得るのです。

意味がわからなくても、ただ無心に大きな声で真言を唱えれば、自然に自分が輝いてくる。

信じる心とは、他のだれのものでもなく自分自身の心です。
幸せな道を求めるならば、まず仏さまを信じる心を持つことです。
仏さまの強い力を信じ、仏さまを信じる心が、迷いや悩みを消し去ってくれるのです。
私は日頃から信者さんに説いています。
「真言にしても、お経にしても、
意味がわからなくても、
その背後に存在する御仏を信じて、
心を込めて念じ唱えることが大事です」と。
真言やお経には、宇宙のリズムを取り込む工夫が張り巡らされているからです。

仏さまの力を信じ、一心不乱に真言やお経を唱えていれば、いつしか大宇宙のリズムと同調し、宇宙の本質である仏さまの叡智に触れることができるのです。

理屈で唱えるのではありません。ただ、無心に大きな声で唱えれば、自然に自分が輝いてくる。そういうものなのです。

これは信者さんだけに言えることではなく、日々、真言やお経を唱えている私たち仏教者にも言えることです。

「おかげさまで」「ありがとうございます」先祖への感謝といたわりを行動に移そう。

朝に夕に仏さまを拝み、すばらしい一日に導いてくださった慈悲に対して、「おかげさま」「ありがとうございます」と感謝することです。

先祖への感謝といたわりを行動に移さなければなりません。

それが拝むということです。

それによって、自分の存在を新たに確認できるようになります。

だれもがみな、仏さまから分けていただいた同じ生命を持っており、先祖という根があるから、私たちが存在するのです。

どんな木でも、根がしっかり張っていなければ倒れてしまいます。木の根は、想像をはるかに超えるほど深く広く張っています。

木は枝を伸ばし、花を咲かせ、実を結ばせ、それが地に落ちて芽を出し、新たな生命を誕生させます。

人間も同じです。この世はすべて因縁で結ばれており、他に依存し、影響しあって存在しています。

だれでも先祖の徳という預金通帳を持って生まれてきます。

この預金通帳の残高は、プラスであることもあれば、ゼロ、マイナスということもあります。プラスの預金通用を持つ人は幸せです。

多少のミスや失敗であれば、先祖がフォローしてくれるからです。

マイナスやゼロの預金通帳を持ってきた人は、それをプラスに変えていかなければなりません。祈って、拝んで子孫に豊かな預金残高を残してあげるのです。

みずから伸ばしたアンテナが仏さまの叡智に感応し、人生航路は順風満帆になる。

仏さまに合掌し、両手を前で上に向けて合わせる。

この姿勢が運、つまり宇宙のリズムへとアンテナをはり出したことになります。

合掌して真言を念誦していると、いつしか仏さまがわが身に透け込んでくださるような気持ちになります。

仏さまと一体になったという境地に到達します。

それが自分から幸せへと向かっていく第一歩を踏み出したことになります。

子孫が善を行って、その善の光、功徳を送ることを追善供養といいます。

まず、何よりも自らの善なる光を生命の水源に届けることです。

仏さまの教えを実践することによって、みずから伸ばしたアンテナが仏さまの叡智に感応することができ、人生航路は順風満帆になります。

先祖を敬う心を育てながら暮らす習慣を身につけることです。

雑念をふり払って、仏さまに手を合わせ、静かに一日を振り返ってみましょう。

仕事の手抜きをしなかったか、人への親切が中途半端でなかったかなど、チェックしてみるのです。そして至らなかった点を反省し「明日こそは」と心の準備をします。

生命の尊さを拝めば聖なる人生に通じ、功徳がえられる。

弘法大師空海は、生命の尊さを拝むということで教えています。

『阿含経《あごんきょう》』はお釈迦さまの言行録といわれており、もっとも古い経典です。

その中で、拝んで生きることが、聖なる人生に通じ、拝んで生きる人には、次の五つの功徳があると説かれています。

①容姿が正しく整うことで、美しくなる。拝むとき、背筋を伸ばして合掌しますから、左右のバランスがよく取れます。

②声がよくなります。他の人が聞いて懐かしくなるような、暖かみのある、人に好かれる声になれます。

③暮らしが豊かになります。必ずしもお金持ちになるのではなく、徳をたくさん持って

いる心の財産が増えることです。

④人々の尊敬を受けるようになります。怒ったり、恨んだりしていては、拝めません。笑顔と暖かみのある人柄には、信頼と敬愛が集まります。

⑤拝む暮らしをしていると、やがては日々の生活が限りなく向上し、長寿を保って往生できるようになります。

よいことばかりを並べていると思われる方もおられるでしょうが、実は、この単純に見える教えに深い真理が潜んでいるのです。

慈愛の心を成就できるように日々祈りなさい。

弘法大師空海は、信心には十種類あるとし、次のような心のあり方を教えておられます。

自分自身を知ることは、次の十の心を知ることです。

そのうちの一つを認識したからといって、自分を知ったことにはなりませんし、七、八の段階に達していても、なおその上に知るべきことがあります。

①心が清浄になりますように。
②心がしっかり定まりますように。
③もろもろの悩みがなくなりますように。
④怠け心がすっきり断たれますように。
⑤人の優れた行いに同調できますように。
⑥優れた人を尊重できますように。
⑦自らよく見て聞くことを大切にできますように。
⑧人の優れた行為を惜しみなく称賛できますように。
⑨仏道を一心に励むことができますように。
⑩よく慈愛の心を成就することができますように。

これらを実行できるようにと日々祈りましょう。

あなたの苦悩は必ず軽くなって、明るい未来が拓けてきます。

もう、怖いものは何もない。ゆうゆうと人生を歩んでいかれる。

ひとたび人間として生まれてきた以上、何をさておいても布施の心を大きく育て、善行を積んでいけば、あなた自身の環境はよりすばらしいものとなります。

また、あなたを守ってくれる守護霊のパワーも強くなります。

布施の心を実践していくことは、けっして難しいことではありません。

今、すぐにでもできることばかりです。

たとえば、あなたの周りに困っている人や悩んでいる人がいたら、ちょっと手をさしのべるだけでよいのです。

励ましのひとことを口にするだけでいいのです。

明るい顔を見せてあげるだけでいいのです。

今からそれを心がけるだけで、もう十分だといいたくなるほど、幸運が次々に舞い込んできます。

これまで述べてきたことを、すぐ実践してみてください。

ものごとを正しく見ることができるようになります。

正しい生活を送っていれば、自然に布施の心が生まれてきます。

布施の心とは、善行を積むことです。

それによって、不運や不幸を招くようなこともなくなります。

どんなに忙しくても、情報があふれていようと、もう判断をあやまることはないはずです。

あなたには、怖いものは何もありません。
ゆうゆうと人生を歩んでいくことができるのです。

恵観の心の旅⑥

慰霊と世界平和を祈りつづける。私の真心は必ず通じるはずです。

私は、二十年ほど前から、戦争で亡くなられた人、日本人のみならず、相手の国の兵隊さんから一般市民にいたるまで、すべての人々の慰霊をするようになりました。平和な世界であったならば、死なずにすんだのに、戦争をしていたから死ぬことになった。こうして死んで行った兵隊さんこそが、心から平和を望んだに違いありません。

みなさんの中にも、戦争で亡くされた身内をお持ちの方もおられるでしょう。

なぜ日本人が遠い外国まで攻めていったのか、憤りを感じておられる方もあるでしょう。

こういう人たちこそ、心から平和を望んだのですから。

その平和への望みを、今、私たちが代わって実践しなければなりません。

私は、こうした犠牲者に、世界平和が実現するよう力を貸してください、と祈ります。

沖縄、広島、長崎、そして台湾、フィリピン、ハワイ、ロシア、中国、韓国、そしてドイツ、ポーランド、イスラエル、スリランカなど、戦争犠牲者の多かった国々、また現在紛争中の国を回って、慰霊しながら、世界平和を祈りつづけています。

祈りは、必ず通じます。なぜならば、どこの国の人も、本来は、仏さまなのです。

仏さまの心を持って生まれています。

だれの心にも仏さまが宿っているのですから、私の真心が通じないはずがありません。

だから、平和を実現するには、私たち一人ひとりの心が平和を望むことです。

平和を乱す人を罰することで、平和は実現できません。

全世界の人々が、平和を望まない限り実現しないのです。

苦悩と不安の手放し方

著　者　　池口　恵観
発行者　　真船美保子
発行所　　KK ロングセラーズ
東京都新宿区高田馬場 2-1-2　〒 169-0075
電話（03）3204-5161(代)　振替 00120-7-145737
http://www.kklong.co.jp
印刷・製本　中央精版印刷(株)

落丁・乱丁はお取り替えいたします。
※定価と発行日はカバーに表示してあります。
ISBN978-4-8454-5122-7　C0215　Printed In Japan 2020